与时间同行

二十四节气心理课（全新升级版）

韦志中　刘金凤◎著

图书在版编目（CIP）数据

与时间同行 ： 二十四节气心理课 ： 全新升级版 / 韦志中，刘金凤著. -- 南京 ： 江苏凤凰文艺出版社，2025. 1. -- ISBN 978-7-5594-9149-7

Ⅰ. R161.1

中国国家版本馆CIP数据核字第2024AE5760号

与时间同行：二十四节气心理课（全新升级版）

韦志中　刘金凤　著

责任编辑　周颖若
特约编辑　许婷婷
封面设计　DARAY
出版发行　江苏凤凰文艺出版社
　　　　　南京市中央路 165 号，邮编：210009
网　　址　http://www.jswenyi.com
印　　刷　三河市嘉科万达彩色印刷有限公司
开　　本　880mm × 1230mm　1/32
印　　张　8.5
字　　数　167 千字
版　　次　2025 年 1 月第 1 版
印　　次　2025 年 1 月第 1 次印刷
书　　号　ISBN 978-7-5594-9149-7
定　　价　69.80 元

节气

二十四节气歌

春雨惊春清谷天，夏满芒夏暑相连。
秋处露秋寒霜降，冬雪雪冬小大寒。
每月两节不变更，最多相差一两天。
上半年来六廿一，下半年是八廿三。

目录

目录

目录

立春

树立志向

立春偶成

[宋] 张栻

律回岁晚冰霜少，春到人间草木知。
便觉眼前生意满，东风吹水绿参差。

立春是二十四节气中的第一个节气，也是春季的第一个节气。每年公历二月四日前后，太阳到达黄经[①]315°时为立春。

《月令七十二候集解》曰：“立春，正月节。立，建始也。五行之气，往者过，来者续，于此而春木之气始至，故谓之立也。立夏、秋、冬同。”“立”表示开始，“春”表示节气，“立春”有春之节气开始之意。

在我国古代，以立春为“春之岁首”，立春又被称为“春节”。1912年，民国政府将公历作为国历，因此，农历正月初一改

① 黄经：地球绕太阳运转一周大约为一年，地球公转的运行路线（即地球公转轨道在天球上的反映）称为黄道。黄经就是黄道上的度量坐标（经度）。太阳从春分点出发，每前进15°为一个节气，运行一周又回到春分点，为一回归年，合360°。一年平均分为24个时间段，每一段为一个节气。立春315°，雨水330°，惊蛰345°，春分0°，清明15°，依此类推……

称“春节”，从此“立春”与“春节”彻底分开。[1]立春一到，“阳和扈蛰，品物皆春”，此后，万物复苏，生机勃勃，一年四季便从此开始了。

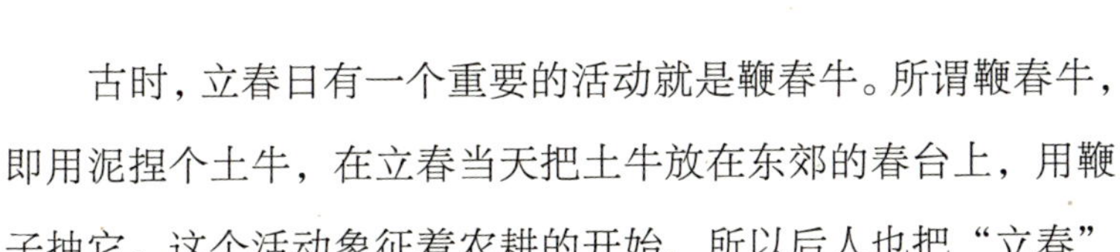

鞭春牛与树立目标

古时，立春日有一个重要的活动就是鞭春牛。所谓鞭春牛，即用泥捏个土牛，在立春当天把土牛放在东郊的春台上，用鞭子抽它。这个活动象征着农耕的开始，所以后人也把“立春”称为“打春”。

汉代，鞭春牛的风俗已很流行。立春日，京城百官身穿青衣，头戴青帽，举着青幡，把土牛送到城门外，官员们轮流拿着鞭子抽打土牛，意在鼓励农耕，发展生产。而后，这种仪式逐渐固定下来，并传到了各个郡县。

宋代鞭春牛时，春牛变得华丽起来，身上多了装点的颜色和饰品，周围也有了鼓乐伴奏。照例还是先由官员鞭打春牛，随后交给农民轮流鞭打，鞭打时要使劲，把土牛打得越碎越好。随后，围观的人一拥而上，争抢碎土。碎土也有不同的寓意：抢到牛头上的土，代表大吉大利；抢到牛身上的土，养蚕必丰

① 李学峰：《二十四节气与七十二物候》（第二版），中国摄影出版社，2021年，第16页。

收；抢到牛角上的土，庄稼必丰收；抢到牛肚子里的粮食，一年五谷丰登。[1]

鞭春牛的习俗意在催促人们，“一年之计在于春”，立春后气温开始回升，要为春耕做准备，莫误大好春光。

俗话说：“好的开始是成功的一半。”阳春之季，万象更新。对于农事耕作，这是个好的开始。“一年之计在于春”，一年的计划要在春天思考、安排，为全年的工作打好基础。我们应珍惜这个美好的时机，积极规划自己的人生。毕竟对于人来说，生命里非常重要的事情是要有个远大的目标，并借助才能与坚毅来完成它。

有时候人们的幸福感降低，其中一个不可忽视的因素就是缺乏人生理想。人对未来是否充满希望，是否拥有值得追求的目标，这对个体人生幸福感的获得是至关重要的。因为人一旦有了目标，就像航海中的舰艇有了灯塔的指引，可以朝着明确的方向去追寻，在追寻的过程中就会获得幸福。

某一时刻，我们也会恍惚，感觉人生已过半，走过的路却充满遗憾，对现实无能为力，对未来也无从下手。我们容易活在别人的世界里，总想在某个看得见的名利场中超过他们，但是这样的对比，如果你获胜了，会助长虚荣；而如果你比不过对方，就

① 矫友田：《二十四节气》，山东城市出版传媒集团·济南出版社，2018年，第4—5页。

会陷入痛苦和怀疑中，甚至走向虚无。外在的参照是没有界限的，名利也是没有尽头的。因为永远都有比你更优秀、更出众的人。

我从二十三岁开始正式从事心理学事业，在这之前我做过很多份工作，大都很难做长久。在接触到心理学之后，我深深地爱上了这个职业。从业的第一年，我就暗下决心，要让更多的人因为心理学而受益。二十多年过去了，我庆幸自己依然在心理学道路上，朝着最初的目标前进。而且，我对心理学的热爱丝毫未减。

契诃夫曾说："感到自己在这个世界上是件多余的装饰品，那是很难堪的，活着而又没有目标是可怕的。"这和周星驰电影所传达的"人要没有梦想，和咸鱼有什么区别"本质上是一致的。在立春这个节气，愿我们每个人都能确定目标，为一年的奋斗规划好方向。

青春与时间管理

俗语有云："春争日，夏争时，一年大事不宜迟""立春雨水到，早起晚睡觉"。这无不提醒我们时间管理的重要性。当然这些俗语更多指向农耕，但是从生命是有限的这个角度来讲，我们也要珍惜时光，不负韶华。

"青春"一词最早指的是春天。春天草木茂盛，呈青绿色，所以春天被称为青春。《楚辞·大招》:“青春受谢，白日昭只。”杜甫《闻官军收河南河北》诗：“白日放歌须纵酒，青春作伴好还乡。”这里的“青春”都指代春天。现在“青春”也特指青少年、青年时代，如“青春期”“青春年少”等。

如果说立春是一年的开始，那么青春时光就是生命中的美丽春天。处于青春时光中的人们，元气满满，敢想敢干，他们不会给人生设限，也不会惧怕未知的将来。他们是国家的未来，民族的希望。

青春时光虽美好，但也最容易流逝。追怀青春，更是人之常情。在所有追忆青春的诗词中，我最喜欢席慕蓉的《青春》。

青春

所有的结局都已写好

所有的泪水也都已启程

却忽然忘了是怎么样的一个开始

在那个古老的不再回来的夏日

无论我如何地去追索

年轻的你只如云影掠过

而你微笑的面容极浅极淡

逐渐隐没在日落后的群岚

遂翻开那发黄的扉页

命运将它装订得极为拙劣

含着泪我一读再读

却不得不承认

青春是一本太仓促的书

青春是一本太仓促的书，道尽了无奈与惆怅。我们渴望青春，却不得不承认，青春消失得太快。我们要守住青春，留住青春，就要在青春有限的时间内做一些更有意义的事情。虽然我们很渺小，也无力改变很多事情，但仍可以在属于自己的篇章中书写光彩。

时间是有限的，而我们要做、想做的事是无限的，只有珍惜时间、管理好时间，才能使青春无悔、生命无悔。

时间管理最重要的是珍惜现在，珍惜今天，做到今日事今日毕。李大钊曾经说过："我以为世间最可宝贵的就是'今'，最易丧失的也是'今'。"因为它最容易丧失，所以更觉得它宝贵。做任何事情都要立足今天，运筹今天，并落实在今天的行动上。

取舍也是时间管理中很重要的一环。有效的时间管理要把握两个指标：重要性和必要性。如果一件事很重要，但在这个阶段不是必需的，就可以往后放；如果它是必需的而且又是重要的，那就要立马着手去做。比如，分居两地的夫妻来咨询如何协调职业与家庭的问题。在我看来，当前的职业对家庭来说虽很重要，但并不是必需的，没有现在的工作，还可以找其他工作；而夫妻分居对家庭的伤害往往是致命的，所以分居问题是当下必须要解决的。

其实，时间管理的意义远大于管理时间。从心理学上来讲，如果时间利用不当，压力就会接踵而来，不良情绪也会油然而生，生命就会杂乱无章。所以时间管理，也是压力管理，更是生命管理。

春天与希望

“冬天来了，春天还会远吗？”雪莱的这句诗描绘了春天希望的气息。春天是万物复苏、生机盎然的季节，也是充满希望的季节。诗人但丁曾说：“生活于愿望之中而没有希望，是人生最大的悲哀。”我们在立春确定目标，同样也要在确定目标后对实现目标充满希望。

有些人把“希望越大失望就越大”当作人生信条，我认为这种想法是存在偏见的。诚然，梦想不是“心诚则灵”的产物，它的实现是建立在奋斗、坚持、能力、信心之上的。毕竟也没有谁能保证自己的付出一定能换来想要的结果。如果辛苦付出不能得到收获，这的确会让人痛苦。但如果因为畏惧失望，就不敢对人、对事抱有期望，则是人生更大的悲哀。

诚然，每天让人不满意的事有很多，工作让人劳累，家庭生活太过平淡，和同事的相处也不怎么好，甚至还经常接到各种销售电话、诈骗电话，真的是太烦人了！但你不能因为接到不开心的电话，就厌恶手机；也不能因为和同事关系不好，就和同事大吵大闹；也不能因为家庭氛围平淡而解散家庭。同理，希望可能会导致痛苦，但我们不能因为憎恨痛苦，就远离希望。

作为一种精神力量，心理学也对希望进行了科学的探索，特别是积极心理学兴起以来，希望日益受到心理学家的重视。关于希望的定义，有学者专门做过统计，至少有 26 种。这些看法大致分为两类，即希望的情绪观和认知观。情绪观认为，希望是个人身处困境时的一种情感应对方式；认知观则认为，希望是一种乐观的认知，是个体对所有的事物都持积极的认知。[①] 当代心理学者比较认可折中的说法，即希望兼具认知成分和情绪成分，其中查尔斯·斯奈德关于希望的看法最具代表性。

查尔斯·斯奈德认为，希望是一种积极的动机性状态，这种状态是以追求成功的路径和动力交互作用为基础的。这是一种认知取向的观点，主要包含目标、路径思维和动力思维三个成分。

目标是希望理论的核心概念，查尔斯·斯奈德认为，人类的行为都是有一定目标的，这是人们精神活动的支点。目标可

---

① 刘孟超，黄希庭：《希望：心理学的研究述评》，《心理科学进展（月刊）》，2013 年，21(003) 期，第 548—560 页。

以分为两类，即积极的“趋近”目标和消极的“回避”目标。个人为达到目标所付出的努力和他对结果价值的评估是分不开的。至于目标是否能实现，则与希望水平关系不大。有些目标即使实现的概率很低，也需要有希望。

目标会促进一系列行为的产生，其中有两个主要成分，即路径思维和动力思维。路径思维就是为了实现目标而形成的具体方法和计划，这是希望的认知成分，一般希望水平高的人，路径思维也会比其他人更具体可行。动力思维属于希望的动机成分，类似于意志力，当人们在追求目标的过程中遇到困难及感受到压力时，动力思维就会发挥作用，它会驱使高希望水平的人不轻言放弃，直至战胜挫折。

此外，希望还有情绪情感的成分。之所以没有把情绪、情感作为单独成分之一，是因为查尔斯·斯奈德认为情绪、情感是个体对目标认知的附属产物，在整个模型中对行为起调节作用。

相关研究发现，希望对人们的工作满意度和工作表现有着积极的影响。高希望水平的个体，一般自我效能感较高，这使得他们在工作中充满自信和创造力，对工作充满热情，满意度高，因此能够在工作中有良好的表现。同样有研究发现，希望能帮助护理者实行更多的激励措施来协助病人与绝望做斗争，还能够使患者发挥内在的力量和勇气来对抗癌症。[①]希望作为

① 张晓娜：《希望理论研究述评》，《四川教育学院学报》，2011 年，27(6) 期，第 103—107 页。

积极心理学中的一种积极心理品质,不管是日常生活中的小事,还是对人生有重要意义的大事，都需要希望品质的参与。在当今社会中，除了学生和普通民众外，还有很多特殊群体需要有希望，如留守儿童、流动儿童、离异家庭的孩子、失独群体等。他们有了希望，才能有办法、有动机去追求目标。希望的灯一旦熄灭，再想点燃它，可就难了。

最后，给各位分享一下“成人素质希望量表”，可以用来测试自己的希望水平。此问卷一共由 12 个项目组成，其中 4 个测量动力思维，4 个测量路径思维，还有 4 个属于干扰项。以下是问卷的具体条目。

成人素质希望量表

内容	选项
1. 我能想出许多途径和方法来使自己摆脱陷入的困境。	A. 绝对错误　B. 大部分情况下错误 C. 大部分情况下正确　D. 绝对正确
2. 我总是不知疲倦地追求自己的目标。	A. 绝对错误　B. 大部分情况下错误 C. 大部分情况下正确　D. 绝对正确
3. 我大多数时候感到很累。	A. 绝对错误　B. 大部分情况下错误 C. 大部分情况下正确　D. 绝对正确

续表

内容	选项
4. 任何问题总会有许多解决的途径和办法。	A. 绝对错误　B. 大部分情况下错误 C. 大部分情况下正确　D. 绝对正确
5. 我容易在争论中被击败。	A. 绝对错误　B. 大部分情况下错误 C. 大部分情况下正确　D. 绝对正确
6. 我总是能想出很多途径和办法来处理自己生命中重要的事情。	A. 绝对错误　B. 大部分情况下错误 C. 大部分情况下正确　D. 绝对正确
7. 我担心自己的身体健康。	A. 绝对错误　B. 大部分情况下错误 C. 大部分情况下正确　D. 绝对正确
8. 即使当别人都泄气时，我也知道我能找到解决问题的途径。	A. 绝对错误　B. 大部分情况下错误 C. 大部分情况下正确　D. 绝对正确
9. 我过去的经历已为我的将来做好了充分准备。	A. 绝对错误　B. 大部分情况下错误 C. 大部分情况下正确　D. 绝对正确
10. 我的生活一直很成功。	A. 绝对错误　B. 大部分情况下错误 C. 大部分情况下正确　D. 绝对正确

续表

内容	选项
11. 我经常发现自己对有些事感到担心。	A. 绝对错误　B. 大部分情况下错误　C. 大部分情况下正确　D. 绝对正确
12. 我实现了我为自己设定的目标。	A. 绝对错误　B. 大部分情况下错误　C. 大部分情况下正确　D. 绝对正确

计分方式：4 点计分。

绝对错误 =1，大部分情况下错误 =2，大部分情况下正确 =3，绝对正确 =4

路径思维（分数）：1、4、6、8

动力思维（分数）：2、9、10、12

雨水

爱的滋润

春夜喜雨

[唐]杜甫

好雨知时节，当春乃发生。
随风潜入夜，润物细无声。
野径云俱黑，江船火独明。
晓看红湿处，花重锦官城。

雨水，是二十四节气中的第二个节气，时间大概在农历的正月十五日前后。《月令七十二候集解》记载：“雨水，正月中，天一生水。春始属木，然生木者必水也，故立春后继之雨水。且东风既解冻，则散而为雨矣。”意思是说，雨水节气，冰雪融化，气温回升，降水以雨的形式出现。《尔雅》曰：“天地之交而为泰。”天地和同，联手“酿造”雨水，所以春之水为泰。“春”字体现阳光，“泰”字体现雨露，皆是万物所需。春天以阳光雨露施予万物，彰显博爱精神。[①]

① 宋英杰：《二十四节气志》，中信出版集团，2017 年，第 15 页。

拉保保：舐犊情深

世上最伟大的爱是父母对孩子的爱。爱孩子，必然忧其健康与前途。在雨水节气时，就有一个相关的习俗——拉保保，这是四川省的一种传统民俗。“保保”是四川方言，就是干爹的意思。在雨水节气时认干爹，寓意是承接来自长辈的雨露，滋润孩子生长。

找什么类型的干爹，也是有讲究的。如果希望孩子长大有知识，就拉一个文人做干爹；如果孩子身体瘦弱，就拉一个身材高大强壮的人做干爹。当然大多数人被拉之后都会爽快地答应，认为这是别人信任自己的表现，对自己的命运也会产生好的影响。孩子父母会备上佳肴美酒，随后点燃蜡烛和香烛，教导孩子“快拜见干爹，行大礼”，然后让孩子“请干爹品尝美酒佳肴”，最后“恳请干亲家给孩子起个吉祥名”。至此，拉保保才算成功。

保佑孩子健康成长，一直是我们最简单也最朴素的期望，过去受医疗条件的制约及战争的影响，人的平均寿命只有三四十岁，孩子在成长中容易夭折，此时父母就要想办法祈求孩子健康成长。给孩子找个干爹，就意味着孩子能多一份爱的支持和保障。这也是拉保保习俗的缘起。

当然，现在医疗条件发达了，我国人均预期寿命提高到77.93岁。[①]很多疾病也都找到了治愈方法，身体健康对于大多数人来说，已不再是奢谈，拉干爹保佑孩子的现象也在慢慢淡化。但亲子之爱这个话题，在任何时期都是重点，也是热点。现阶段，父母虽不再为孩子的健康过度担忧，但如何提高孩子的未来竞争力，如何给孩子更好的教育，又成了众多父母新的关注点。

家长辛苦工作，努力赚钱，只为给孩子提供更好的生活和学习条件；家长抽出宝贵的休息时间陪孩子玩耍，和孩子交流，只为和孩子实现近距离的身心互动，让孩子养成健康的心态。看似家长已经使出全身的力气在爱孩子，但效果如何呢？

北京师范大学和《中国教育报》联合发布的《全国家庭教育状况调查报告（2018）》[②]显示，部分学生表示家长不尊重自己。如“我做错事时，家长总是不听解释就批评我”“家长从不认真回答我提出的各种问题”“家长从不认真听我把话讲完，总是打断我”“家长要求我做某件我不愿意做的事情时，从不会向我耐心说明理由”。

虽然很多家长已经意识到亲子沟通的重要性，但真正付诸实践的人数并不乐观。调查报告显示：大约四分之一的四年级和八年级学生表示“家长从不或几乎不花时间与我谈心”“家长从不或几乎不和我讨论身边发生的事情”“家长从不或几乎

---

① 金振娅：《我国人均预期寿命提高到77.93岁》，《光明日报》，2022-7-6。

② 北京师范大学新闻网：《全国家庭教育状况调查报告（2018）》。

不问我学校或班级里发生的事情”。

家长对孩子不同方面的关注程度，体现了家长的家庭教育理念、对孩子的培养目标和教育重点，反映了家长对孩子的期望。而孩子希望家长关注的方面，则体现了孩子在成长中的内在需求，对家长的期待。调查报告显示，八年级学生期望家长关注的和家长本身关注的，出现了错位。家长最关注孩子的是学习情况、身体健康、人身安全，而孩子最希望家长关注的三个方面却是兴趣爱好或特长、心理状况、身体健康。而四年级学生最期望家长关注的三个方面和家长本身的关注点是一致的。可见，随着孩子年龄的增长，孩子对家长的期望是会发生变化的，但家长却没有及时更新教育理念，仍按对待小学生那般对待初中生，这明显违背孩子的身心发展规律和教育规律，当然也非常不利于良好亲子关系的维护。

在雨水时节，我们把对亲子之爱单独进行讨论，不单单是受拉保保这个习俗的影响，也是源于雨露对万物滋润这种博爱精神的启发。亲子之爱虽是天性使然，但也带有明显的时代烙印。随着社会的发展，“棍棒之下出孝子”这种单一粗暴的教育方式已明显过时，现在我们更崇尚尊重、宽容、民主、平等对话的教育理念，倡导父母与孩子一起学习，一起成长。

如今国家对亲子教育的重视也是史无前例的。2021 年 10 月 23 日，《中华人民共和国家庭教育促进法》[①] 正式通过，

① 中国政府网：《中华人民共和国家庭教育促进法》。

2022 年 1 月 1 日正式实施。这是国家第一次把家庭教育提到了立法的高度。此法共有 54 条，从家庭责任、国家支持、社会协同、法律责任四个方面引导全社会注重家庭、家教和家风。家庭教育已由传统“家事”上升为新时代的重要“国事”，“依法带娃”成了新潮流。

既然国家出台了相关法律，家长就应该按法律规定来实施家庭教育：尊重未成年人身心发展规律和个体差异；尊重未成年人人格尊严，保护未成年人的隐私权和个人信息，保障未成年人的合法权益；遵循家庭教育特点，贯彻科学的家庭教育理念和方法。其实从这些要求中我们也可以看出，此法也是科学育儿理念的彰显。

回娘家：反哺之义

孝道是我们国家一直在提倡的，尤其是在古代社会，孝道甚至被视为一个人的立世之本。在雨水节气，有不少习俗是专门用来弘扬孝道的。

雨水节气时回娘屋是流行于川西一带的风俗。到了雨水节这天，出嫁的女儿纷纷带上礼物回娘家看望父母。礼物通常是两把藤椅，上面缠着一丈二尺[①]长的红带，这被称为“接寿”，

① 一丈二尺，等于现在的四米。

意思是祝父母长命百岁。此外，还有一个必备的礼品即“罐罐肉”。所谓“罐罐肉”，就是用沙罐将猪蹄、黄豆、海带之类的一起炖煮，再用红纸、红绳封住罐口。将其送给父母，表达对辛辛苦苦将自己养育成人的父母的感谢和敬意。[①]

拉保保是舐犊情深，回娘家则是反哺之义。两者结合，正是家庭伦理的有力诠释。正如我们会天然爱孩子一样，我们对父母的爱也是深刻的，只是表现方式不如对孩子那样直接、鲜明罢了。

“爱你在心口难开”，是成年子女对待父母的真实写照。自古以来，我们对爱的态度是含蓄和内敛的。因为我们不善于表达自己的想法或情感，所以即使对他人的帮助非常感动，我们口头上表现出来的大多是“谢谢”。倘若这两个字不足以表明心意，那就再增添些形容词、语气词，如“非常感谢”“太感谢了”。倘若还觉得不够，我们就会把语言转化为行动，如请对方吃饭、送对方礼物。但如果我们要感谢的对象是自己的父母时，却连“谢谢”二字也总是羞于开口。

回想学生时代学的那篇《背影》，身材发胖的父亲爬上月台买橘子的场景，让人看得两眼泪光。我自己的父亲又何尝不是这样默默付出呢，虽然言语不多，但一言一行都包含着满满爱意。母亲也十分勤劳质朴，虽没读过多少书，却教会了我如何做一个善良的人。我现在能有如此成就，父亲、

① 娇友田：《二十四节气》，山东城市出版传媒集团·济南出版社，2018年，第9页。

母亲占了很大的功劳。

回娘家这个习俗，蕴含着子女对父母养育之恩的感谢。我们心中挂念父母不假，但如果把心中之爱转化为实际之爱，让父母真真切切地感受到，这才是反哺之义的精髓所在。给父母多打几次电话，多回家陪陪父母，多带父母去检查身体，多给父母买些礼物，通过实实在在的行动来传递我们对父母的爱。

需要强调的是，积极心理学的科学研究取得了许多成果，其中一个主要的概念就是感恩。感恩已经被定位为实现幸福的主要心理能力和品质之一。也就是说，越是有感恩能力的人，越是幸福的。感恩父母，也可以让自己收获幸福。

雨润万物：培育之爱

杜甫《春夜喜雨》：“好雨知时节，当春乃发生。随风潜入夜，润物细无声。”人们正需要的雨，便是好雨了。雨水前后，油菜、冬麦普遍返青生长，对水分的要求较高，而华北、西北及黄淮地区这时降水量一般较少，常不能满足农业生产的需要。俗话说，春雨贵如油。这时适宜的降水对作物的生长特别重要。民间认为雨水这一天的雨，是丰收的预兆，因此该日忌无雨。

正如农作物需要雨水浇灌一样，我们定下的目标也需要滋养。立春时节“播种”，这个种子就是我们树立的目标。种子需要雨水的滋养才能生长发芽，目标也需要培育和滋润才能顺利实现。

举例来说，在立春节气时，我定下目标，要成为心理学讲师，在专业上有所提高。在雨水这个节气时，我就要做一些有利于目标种子发芽的事情。比如去书店购买一些相关的书籍，拜访几位心理学老师，寻找讲课实践的机会。这一切的准备工作就相当于目标培育。

立春立志，而雨水节气就是保志。保障目标的实现，就需要有所行动。但计划的实施并不那么容易，太多人会为自己找借口，很容易陷入“明日复明日，明日何其多”的恶性循环中，即心理学中所说的拖延。

拖延作为一种消极对抗，除了会影响我们的学习、工作效率，还会影响我们的生活。中国高校传媒联盟曾对全国 199 所高校的大学生展开调查，结果发现，97.12% 的学生认为自己有“拖延症”。甚至有研究者调查发现，教师的拖延症高达 90% 以上。

针对这一现象，有很多学者展开分析，认为害怕失败、压力过大、追求完美、犹豫不决、懒散随意，都是拖延症形成的原因。通过日常观察，我发现个性不健全的人或者心理资本不足的人是比较容易患上拖延症的。有拖延症的人在追求事情成功和目标实现的时候，往往是困难的。这些困难就会导致他们自身在掌握人生、生活方面不够得心应手，从而使自己获得相对较低水平的幸福感。

现实中我们也会发现，有一些人虽然树立了目标，但是没有达成，就是因为他们不具备培育目标的能力，也没有这个意识，更不会做这样的工作，因为拖延心理在时刻影响着他们。因此在雨水节气时，我们要培育目标，尽快行动，以对抗拖延，保障我们的目标种子生根发芽。

惊蛰

蛰虫启动

闻雷

［唐］白居易

瘴地风霜早，温天气候催。
穷冬不见雪，正月已闻雷。
震蛰虫蛇出，惊枯草木开。
空余客方寸，依旧似寒灰。

惊蛰，是二十四节气中第三个节气，时间大概在公历三月五日前后，标志着仲春时节的开始。《月令七十二候集解》对其这样解释："万物出乎震，震为雷，故曰惊蛰，是蛰虫惊而出走矣。"意思是说，春雷乍动，惊醒了蛰伏在土中冬眠的动物。这是古人对自然现象的理解，实际上，惊醒冬眠动物的不是雷声，而是天气转暖后日渐升高的气温和地温[①]。这时即使没有雷声，冬眠的动物也会苏醒，开始新一年的生活。

① 矫友田：《二十四节气》，山东城市出版传媒集团·济南出版社，2018 年，第 11 页。

驱虫：打小人驱赶霉运

惊蛰时节，蛰伏已久的百虫纷纷醒来，从泥土和洞穴里爬出来，遍及田园和屋舍。它们或祸害庄稼，或滋扰人们的生活，令人不胜其烦。民间就有“春杀一虫，胜过夏杀一千”的说法。

惊蛰时节有许多与驱虫有关的习俗。如鲁东以炊棍敲锅台，谓之“震虫”；河南南阳插香熏虫，剪制鸡形图案，贴于房中；浙江宁波要过“扫虫节”，农民拿着扫把到田里举行扫虫仪式，表示将一切害虫扫除干净；湖北恩施、贵州黎平等地，在惊蛰之日，人们将石灰撒在地上，画出弓箭形状，指向门外，称为“射虫”；还有一些地区有“吃虫”的习俗，表达对害虫的恨之入骨，恨不能饮其血、食其肉。

除了驱虫之外，人们会点燃艾草熏房屋来除霉味，还会通过拍打纸人来赶走霉运。很多人把“打小人”说得神乎其神，其实这只是民间习俗，意在通过拍打纸人，赶走身边的厄运，同时也让心里的不满得到释放。

小人可分为外部小人和内心小人两种。外部小人是指那些单纯看你不顺眼，事事想和你作对的人。在某种意义上，竞争对手最可能成为你的外部小人之列。因为有的竞争对于可能会想方设法破坏你的计划，阻碍你的事业进展，甚至捏造、散布虚假事实，对你的信誉和声誉进行恶意抹黑。如果你不幸招惹上了这一类人，真的要小心应对。当然也有一些对手是非常正直的，他们遵循市场规律和道德良知，正大光明地进行竞争。所以，对于竞争对手，我们也要区别对待。

内心小人指的是我们内心深处的贪婪、愚昧、虚荣、怯懦等罪恶。人人都想超越自我，实现理想，突破阶层，成为人上人。可是由于我们自身的局限性，如思维狭隘、认知偏激、贪慕虚荣、胆小怕事等，又导致了超越自我这条路异常曲折和艰辛。面对外在阻碍，我们也许会有越挫越勇的精神，但是直面内心时，我们是否还具有英勇杀敌、叱咤风云的胆量呢？我想很多人都是不确定的。

《论语·子罕》曰："知者不惑，仁者不忧，勇者不惧。"不惑、不忧、不惧，是很多人所追求的境界。但是真正的智者、仁者、勇者，又有几个人呢？智者需要不断地学习，对抗本身的愚昧与无知；仁者既要爱身边的人，也要对陌生人报以善意，这就需要其破除内心的贪婪与虚荣；勇者既要克服怯懦与恐惧，又要具备敢为人先、不愿向外界低头的魄力与斗争精神。

王阳明有句名言："除山中贼易，除心中贼难。"西方哲人也有感悟："人生最大的敌人就是自己。"要想破除内心的小人，唯有不断认识自我，超越自我。一个人要超越自我，是要有很大的决心和韧性，要通过不懈的努力才可以做到的。具体来说，就要不断地调整认知，改变思维，敢于突破自己的舒适圈，在失败中看清错误的根源，迎接下一个挑战。

当然，改变认知并不是一件容易的事，自我开导、他人劝导，或者请专家指导，都是不错的方法。只要我们把内心纠结的线捋直了，心结自然就解开了。合理的宣泄，短时间内会让人心情顺畅，却治标不治本；要想从根本上解决，还是要从认知处着手。这里简单介绍三个错误的认知，供大家参考。

一是绝对化要求，认为自己“应该”和“必须”拥有某物。如“别人必须喜欢我”“考试必须成功”“我应该获得晋升”“我应该拥有比他人更好的”……这种绝对化的要求往往是很难实现的。事物有其自身的发展规律，人不可能在每件事上都获得成功，周围人的态度也是自己左右不了的。过度追求完美的人，当事物的发展与自己的预期不一致时，就会感到难受、痛苦，容易陷入负面情绪的困扰中。

二是过分概括化。这是一种以偏概全的认知方式。比如当某个人不喜欢自己时，他会觉得所有人都不喜欢他，他是不值得被爱的；当在某件事情上失败时，他会认为自己无能，什么事都做不好，于是自暴自弃；当由于某件事被他人责备时，他会觉得这人和自己有仇，故意针对自己。拥有这种认知的人，其实是很痛苦的，他太容易体验到挫败感、无力感，也无法和周围人建立良好关系。

三是糟糕至极，即总是将事情的后果看得过分可怕，即使这个后果还没有出现。比如面对高考失利，他会觉得未来没有希望，于是选择轻生；面对恋人分手，他会觉得全社会都背叛了他，于是开始攻击他人、报复社会；面对老师的批评，他会觉得周围人都在看自己的笑话，自己就是个小丑，感觉没脸活在这世上……拥有这种认知的人，极易陷入负面情绪体验中，经常会焦虑、抑郁，甚至会产生自杀行为。

失败是每个人都不想面对的，但又是不得不面对的。真正的勇士不是看透世间疾苦，而是在看透生活的真相后，仍然无比热爱生活。愿我们每个人都能善待自己，成为生活中的勇士。

祭白虎：化解是非

在中国传说中，白虎是战神、杀戮之神，具有避邪、禳灾等神力。每年惊蛰日祭白虎，驱百虫，免受虫害。而在十二生肖当中，有的生肖会犯白虎煞和天狗煞，后逐渐演变成犯白虎煞和天狗煞的生肖，会在惊蛰日祭拜白虎，祈求一年平安顺遂，驱除小人与病害。

民间也有传言，白虎是口舌、是非之神，每年都会在惊蛰这一天出来觅食，甚至会吃人。人们认为如果惹上了白虎，接下来这一年之内都会遭到邪恶小人的报复，招致百般不顺。因此，人们会在这一天祭白虎，以求自保。[①]

所谓祭白虎，就是拜祭用纸绘制的带有锋利獠牙的黄色（画在黄纸上）黑斑纹老虎。拜祭时，先用猪血祭拜，意思是用猪血喂老虎，通过这种方式，来降低其因饥饿而攻击人的风险；然后将猪油抹在纸老虎的嘴上，意思是让其口中油光满溢，不能轻易张口论人长短。为方便人们祭祀，在这个风俗盛行的地区，许多庙宇会在庙中设祭白虎的下坛，供祭祀的白虎雕像通常为龇牙咧嘴的形象。

是非观念是人们对所有事物包括对人的言行之对与错、是与非、肯定或否定的态度。这个观念也是先秦诸子的共用观念之一，孟子、荀子、庄子对“是非”观念的阐述，分别对应是非观念的三种基本立场：道德取向、经验取向和境界取向。

孟子主要从道德角度来论是非。“是非之心，人皆有之。”在孟子看来，只要是人，那么他一定具备“是非之心”；如果没有是非善恶的心，就不能算是人。是非之心是智慧的开端，只要有了是非之心，就具备了明辨是非的能力，就能正确处理遇到的问题。孟子的是非之心还深刻影响了后世的王阳明，并由此构造出了良知学。王阳明认为：“良知只是个是非之心，是非只是个好恶。只好恶就尽了是非，只是非就尽了万事万

① 陈大寿：《家庭实用二十四节气一本通》，花城出版社，2017 年，第 63 页。

变。”[①]孟子的是非观念带有浓烈的道德内涵，王阳明更是直接把“是非”和“良知”挂钩，把是非观念的道德价值提升到了新高度。

荀子对“心”能否直接判定“是非”，持高度怀疑的态度。他认为，“是非”要求人们有正确的认知和判断，“辨黑白”“齐言行”，都要与客观事实相符合。国家制度、礼仪规范、社会秩序，本质上都是对“是非”的分辨和确定。要想辨明是非，前提是要有一套崇高的准则。而崇高法则的制定，首先需要对情欲进行剥离，并充分经受事实的检验，最后形成“众议”后方可确定。[②]由此可见，“是非”在这里由道德判断，转向事实判断。

而在庄子的是非观念中，是与非并不是一个简单的对立问题。孰是孰非，孰好孰坏，没有一个统一的定论。世人以为“是”的东西，庄子往往认为“非”；世人以为“福”的东西，庄子或以为“祸”。庄子认为，万物为一，没有区别，也没有是非之分。是非对立，这是对“道”的割裂。庄子试图去解决这种分裂，超越是非对立，达到万物为一的境界。庄子的是非观念，已超越道德与经验，上升到了境界的高度。

说回祭白虎这个习俗，人们通过安抚白虎，来祈求平安顺遂，化解是非，消除恶人的报复。这里的“是非”更多是论人

---

① 王守仁：《王阳明全集（上）》，上海古籍出版社，2011 年，第 126 页。

② 张志强：《孟荀“是非”观念试探》，《贵州文史丛刊》，2018 年，第 4 期。

长短，识人善恶，颇具道德批判的色彩，更像是孟子所推崇的是非观念。但是这里面也有矛盾之处。人们祈求化解是非，从侧面表明：我没有是非之心，我没有辨别是非的能力，我无法应对生活中恶人的报复。这和孟子所提倡的“是非之心，人皆有之”是相背离的。

这里还要延伸阐述一下孟子的是非观念。孟子的观念并不是一成不变的，而是随着时间的推移有所发展。孟子的原初观念是人先天具有判断是非善恶的能力,但是后来他也观察到“心之官则思，思则得之，不思则不得”。“心”是捉摸不定和变化无常的，容易为外物所蒙蔽，先天的道德心，如果没有经过思考，没有经过判断，就不能获得。[①]

可见孟子后期的是非观念，具有强烈的过程性和实践性。

是非之心要经过思考和判断，这是智慧的开端。但准确的思考和判断，是要建立在知识积累之上的。只有当一个人的知识积累到了一定程度，对事物的认识达到一定阶段，他才能做出正确的判断，才能辨明是非。这就需要我们多读书，勤学习，以求知的心态去解惑，千万不要以智者自居。

圣雄甘地说：“有七样东西能够毁灭人类：没有道德观念的政治，没有责任感的享乐，不劳而获的财富，没有是非观念的知识，不道德的生意，没有人性的科学，没有牺牲的崇拜。”没有是非观念也在此列，可见它的恐怖性和危险性。

① 张志强：《孟荀“是非”观念试探》，《贵州文史丛刊》，2018 年，第 4 期。

如果你想明辨是非，做一个智慧的人，那就多读书，多思考吧！

吃梨：拥有勇气

惊蛰吃梨的传统起源已无从考证，但在祁县民间却流传着这样一个故事。明代洪武初年，晋商渠家的先祖渠济带着渠信和渠义两个儿子，用家乡的潞麻和梨去换取祁县的粗布、红枣等物品，再把这些物品贩卖到各地。通过这种方式赚取差价，日积月累便存下了不少积蓄，随后他就在祁县定居下来。

到了清朝雍正年间，渠家后人渠百川走西口，这天正是惊蛰之日，他父亲拿出了梨让他吃，之后对他说："先祖是靠贩梨创业的，历经很多艰辛，才能在祁县定居。今天是惊蛰，你要走西口，吃梨是为了让你铭记先祖的艰辛，努力开创自己的事业，光宗耀祖！"渠百川牢牢地记住了父亲的话，走西口经商发财之后，就把自己的店取名为"长源厚"。后来走西口者也仿效吃梨，多有"离家创业"之意，再后来演变成在惊蛰日吃梨，亦有"努力荣祖"之念。①

现在依然有一些地方在惊蛰这天吃梨，但吃梨的原因没有统一的说法，一种说法是"梨"谐音"离"，惊蛰日吃梨可以

① 陈大寿：《家庭实用二十四节气一本通》，花城出版社，2017 年，第 64—65 页。

让虫害远离庄稼，保全年的好收成；另一种说法是惊蛰正值虫子苏醒，吃梨是提醒人们预防虫害；还有一种说法是此时天干气燥，吃梨可以生津止渴，增强体质。

“离家创业”是惊蛰吃梨最有故事性的一种说法，包含长辈对晚辈的深切期盼。离家创业并不容易，不仅要远离熟悉的故乡、亲人和朋友，前往未知的他乡谋生存，还要忍受孤独的煎熬、失败的恐惧，与人类本性诸如懒惰、懦弱、向往安逸等做激烈的斗争。汇总成一句话，那就是“拥有勇气”。要有勇气远离亲人和朋友，远离安逸与懒惰，向未知的前方挺进。

当然，勇气不是天生就拥有的。它是我们在成长过程中通过不断自我督促，加上外部力量的鼓舞和支持，慢慢培养出来的一种心理品质。

曾经有一位六十三岁的老人，从美国纽约市经过长途跋涉，克服了重重困难，步行到达佛罗里达州的迈阿密市。一位记者采访了她。记者想知道：这路途中的艰难是否吓倒过她？她是如何鼓起勇气徒步旅行的？老人答道：“走一步路是不需要勇气的。我所做的就是这样。我先走了一步，接着再走一步，然后再一步，我就走到了这里。”

勇气的培养是一步一步的，只要我们坚定地走好每一步，就具备了勇气的品质。当然由于传统的力量或舆论的压力，我们也会犹豫、害怕、孤独。但有勇气并不是没有恐惧，而是战胜恐惧；勇者不是感觉不到害怕的人，而是克服自身恐惧的人。

一个真正有勇气的人，一定是敢于承担，敢为人先的。在刚开始面对困难时，他也会犹豫、迷茫、摇摆不定，但他最终会说服自己，勇敢地迈出第一步，不管路通向何方。如果不幸遇到万丈悬崖、洪水猛兽，那也没有办法，只能努力绕过去，绕不过去就重新开始；而如果前方并没有那么糟糕，那就以大无畏的精神，昂首挺胸地走好脚下的每一步。

即便无法获知正确的道路，仍然会继续前行，这就是勇气。

在惊蛰节气，我们要打造“勇”的品质，就可以先从一直想做但始终没有勇气去做的事情开始尝试，比如开始学做一道新菜、与孩子平等地谈心、学习一个新的课程等。从简单的事入手，之后再一步步朝更难的事情迈进。正如丘吉尔所言，你若想尝试一下勇者的滋味，一定要像个真正的勇者一样，豁出全部的力量去行动，这时你的恐惧心理将会为勇猛果敢所取代。

春分

阴阳调和

仲春郊外

[唐] 王勃

东园垂柳径，西堰落花津。
物色连三月，风光绝四邻。
鸟飞村觉曙，鱼戏水知春。
初晴山院里，何处染嚣尘。

春分是二十四节气中的第四个节气，时间大概在每年公历的三月二十一日前后。此时南北半球昼夜平分，且正好是春季九十天之半，故称为“春分”。

古代习惯以立春、立夏、立秋、立冬表示四季的开始，以春分、夏至、秋分、冬至表示各季的中间。晋南地区有谚语曰：“春不分不暖，夏不至不热，秋不分不凉，冬不至不冷。”把“二分二至”作为最代表四季特征的标准节气。[①] 冬至和夏至

① 李学峰：《二十四节气与七十二物候》（第二版），中国摄影出版社，2021 年，第 52 页。

的关键词是极和最，春分和秋分的关键词是平和均。[①]春分一到，气温明显回升，雨水也增多，辽阔的大地上，小麦拔节，油菜花飘香，进入“草长莺飞二月天，拂堤杨柳醉春烟”的春季，也是物候学上真正的春季。

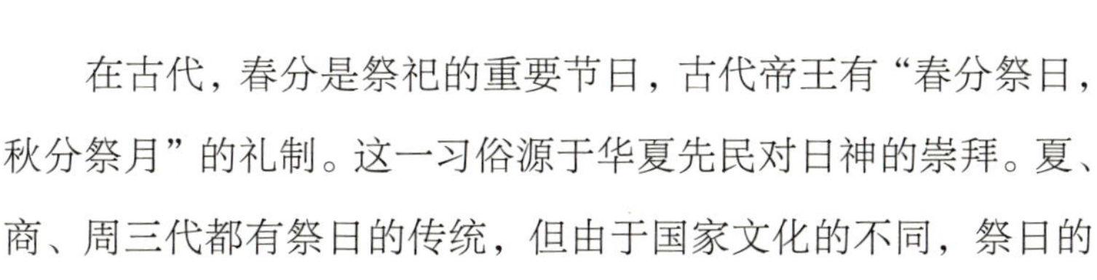

祭日：培育阳光心态

在古代，春分是祭祀的重要节日，古代帝王有“春分祭日，秋分祭月”的礼制。这一习俗源于华夏先民对日神的崇拜。夏、商、周三代都有祭日的传统，但由于国家文化的不同，祭日的时间也存在差异。夏尚黑，祭日在日落之后；商尚白，祭日在红日当顶时举行；周尚赤，习惯于早晨或黄昏时祭日。[②]

古代帝王的祭日场所大多设在京郊。北京在元朝时就建有日坛，现在朝阳门外的日坛建于明朝嘉靖九年，坛面用红色琉璃砖砌成，以象征大明神，到清代改为现在所能见到的方砖铺墁。

太阳崇拜是人类对自然崇拜的一种。在人类起源之前，太阳就已经存在。人类诞生后，也只是把太阳当作客观存在的

① 宋英杰：《二十四节气志》，中信出版集团，2017 年，第 33 页。

② 矫友田：《二十四节气》，山东城市出版传媒集团·济南出版社，2018 年，第 17 页。

天体，认为它有升有降，有明有暗，周而复始，无须干涉。进入新石器时代后，人类从事农耕开垦和畜牧养殖，连日的电闪雷鸣、倾盆大雨、洪涝灾害等天气，严重影响了农作物的生长和收成。多次经历之后，人们才感觉到自己的劳动成果极大地受到了太阳的影响，从而更多地关注太阳、思考太阳。古代人不了解太阳运行的奥秘，认为太阳具有使万物复苏、生长、丰收的神力，太阳也是像人一样，有思想、有灵魂、有好恶，它偏爱那些尊重且崇拜它的人。于是就有了祭日仪式的产生。

祭日仪式代表着人们对阳光和光明的向往，万物生长需要太阳，我们的内心也需要阳光心态。阳光心态有两种定义：一种定义是说阳光心态是一种正面、积极、健康、和谐的心态，用更符合当下时局的话来说，就是“自尊自信、理性平和、积极向上”的心态；另一种定义是说阳光心态是与环境相适合的积极心态，是在顺境、逆境、平境这三种环境中都能保持平和、乐观、向上的状态。[1]

我们在评价一个人时，会用到“阳光”这个词。“阳光”用来形容一个人健康、充满活力，这是一个很美好的词，表示一种很受大家喜欢的性格。阳光的人，对生活充满热爱，不会轻易被病痛和困难打败。焦虑、抑郁这些病态情绪，更是近不了他们的身。同理，那些被负面情绪折磨的人，在他们身上也

---

① 王春雷：《阳光心态是一把有力的弓》，《人力资源》杂志，2013 年，第 11 期。

看不到阳光的影子。

如同太阳照射有时间长短，阳光心态也不是稳定恒久的。当人们的心境出现起伏波动时，就要发挥积极思维的作用，调整自己的心态，辩证地分析事物的发展，平和地看待成败和得失。

这里给大家分享一个卖伞的故事。有一个老太太，她的两个女儿一个嫁给卖伞的，另一个嫁给卖鞋的，但老太太却整天坐在路边哭。一位智者路过，问起缘由。老太太告诉他说："每当天晴的时候，我就想起了卖伞的女儿，她的伞卖不出去，我因此伤心而哭；而每当下雨的时候，我又想起了卖鞋的女儿的鞋不好卖，因此也伤心落泪。"智者对这位老太太说："我有办法能让你天天开心。很简单，只要你辩证看待，每当艳阳高照，你的女儿就会卖出很多鞋子；每当阴雨连绵，你的另一个女儿就会卖出很多的伞！"老太太恍然大悟，很高兴地接受了智者的建议，从此每天都开开心心的。

事物既是一分为二的，也是合二为一的，阴阳互动，此消彼长，这是阴阳和谐的形象写照。拥有积极思维的人，能够从失败中看到机遇；而有消极思维的人，他们为形形色色的问题而苦恼，甚至为一点小事就耿耿于怀，很容易积郁成疾，痛苦不堪。哲人苏格拉底说过，要除去土地里的杂草，最好的办法是种上庄稼。因为要想保持良好的心态，就要培育积极的思维。

从目标实施这个角度来讲，惊蛰时节正式启动，春分时节就会初见端倪，不管是有成功的征兆还是有失败的苗头，我们都应该淡然处之，不以点滴的成功而沾沾自喜，也不应以一时的挫折或失败妄自菲薄、一蹶不振，要坚信否极泰来，物极必反。顺利和挫折是相伴相生的，只要顺利不要挫折，是不符合事物发展规律的。同理，一直处在低谷中也是不可能的。

培育阳光心态需要积极思维做根基，最终成型还是要落实到积极行动上。在春分到清明这十五天的时间中，我们可以多做一些积极向上的事情，如见面微笑、热情跟他人打招呼等，尽量去接触一些正能量的人，约他们谈谈心，也可以向他们请教保持积极心态的方法。在心理世界中形成“祭日”意识，使我们的身心更加和谐，更加充满阳光和力量。

立蛋：勇于挑战不可能

立蛋是春分日比较有趣的节日习俗之一。据史料记载，春分立蛋的传统起源于四千年前。具体做法是在春分这天选个形状比较匀称的鸡蛋，把它立在桌子上。如果能立住，就算“立蛋”成功。玩立蛋游戏的最佳时光是春分的时候，故有“春分到，蛋儿俏”的说法。

立蛋有“添丁”之意，蕴含着人们企盼人丁兴旺、代代传承的朴素心意。至于为何要在春分这天立蛋，据说和这天的气象相关。春分正值春季的中间，不冷也不热，人们心情舒畅，动作灵活，平时不容易做到的立蛋，在这时就更容易顺利完成，当然这种说法很难让人信服。有专家认为，立蛋成功是和鸡蛋的特殊构造相关的。蛋壳上有许多高 0.03 毫米左右的凸起，三个凸起就可以构成一个稳定的三角形平面，如果鸡蛋的重心线穿过三角平面，就可以被稳稳地托起。这种说法听起来很科学，但和春分的关系不大，有兴趣的读者可以尝试研究一下，这里我们不做过多讨论。

立蛋的过程让我们意识到，许多看似不可能的事情，在特定的条件下，通过不懈的努力，都有可能变为现实。这正如我们在生活和工作中面临的种种难题，只要勇于尝试，不断拓宽自己的思维边界，总会找到突破困境的方法。维果茨基认为，个人的发展有两种水平：一种是现有的水平，另一种是可能的发展水平，也就是通常说的潜力。两者之间的差异就是最近发展区。挑战应着眼于个人的最近发展区，立足现有的水平，做一些有点难度的事情，走出心理舒适区，实现突破与超越。

当然，舒适区并不是那么容易走出的。电影《肖申克的救赎》中有这样一个情节，布鲁克斯在监狱里待了五十年，为了不被监狱抛弃，他选择伤害狱友，以使自己能继续留在监狱里。狱友瑞德的一番话，点明了根本：“刚刚入狱的时候，你痛恨周围的高墙；慢慢地，你习惯了生活在其中；最终你会发现自己不得不依靠它而生存。”监狱是布鲁克斯的舒适圈，他在这个圈子里找到了价值感和归属感，一旦走出监狱，他会发现自己一无所有，失去了生存的意义。

舒适圈给了我们安全和稳定，但人生的意义并不只是固守，开拓远比固守更有价值。我们不应该失去前进的勇气。走出舒适区，去勇敢尝试新的东西，给自己和他人提供证明自己能力的机会。冬日里天气阴冷，万物处于收缩休息的阶段，现在阴阳平衡，大地回暖，到了从“收”转向“放”的关键节点。我们可以一改往日蜷缩的心态，放开手脚去干想干的事，挑战各种不可能的事情。如学一门新技能，去没有去过的城市，做以前不敢做的事情，到舒适圈外探寻生活。

阴阳相薄：亲密关系经营

春分有三候：“一候元鸟至，二候雷乃发声，三候始电。”通俗来讲就是：春分到，燕子来；过五天，便能听到雷声；又过五天，就能看到闪电。关于雷电的产生，《淮南子·坠形训》一书曾这样解释：“阴阳相薄为雷，激扬为电。”意思是：阴阳二气彼此相击产生雷，相互渗透则产生电。这种说法虽然过于笼统和含糊，但是包含的阴阳辩证思想还是可以探讨一下的。

阴阳，是一个简朴而博大的中国古代哲学概念。古代朴素的唯物思想家把矛盾运动中的万事万物概括为“阴”与“阳”两个对立的范畴，如天为阳，地为阴；太阳为阳，月亮为阴；昼为阳，夜为阴；热为阳，冷为阴；男为阳，女为阴。万事万物，皆有阴阳；阳中有阴，阴中有阳；阴阳互动，此消彼长，这就是阴阳哲学。

如《淮南子·坠形训》所述，雷电是阴阳两种元气相互作用而产生的。这让我想到了夫妻相处的情景。作为阴阳的两面，夫与妻也要相互磨合，相互交流。如果交流不顺，磨合受阻，也易产生雷电般的大冲撞，吵架拌嘴，乃至大打出手。而夫妻关系不好，自然会影响家庭的稳定和孩子的成长。

在一个家庭中，夫妻关系处于核心地位。夫妻之间是举案齐眉、相敬如宾，还是漠不关心、相互嫌弃，往往决定着这个家庭的走向。司法大数据专题报告之离婚纠纷表明，77.51%的夫妻因为感情不和申请解除婚姻关系。在我所做的大量心理咨询中，夫妻关系问题也占了很大比例，他们往往觉得和对方无法沟通，对方无法理解自己。

和谐的家庭讲究夫妻融合。一个家庭就好像一个太极图，夫妻各占一半。最佳的状态是丈夫七分刚、三分柔，妻子七分柔、三分刚，刚柔并济，这样太极图就会平衡匀称，家庭也就圆满。之所以说丈夫刚强多过于温柔、妻子温柔多过于刚强的家庭更加圆满，是因为大自然赋予了女性生育后代的能力，所以女性多几分温柔比较好，而男性则被赋予了赡养家庭的责任，刚性多一点比较好。

不过随着人类社会文明的发展，我国女性和男性的社会地位已趋于平等，加之如今多为独生子女家庭，所以有些女性在成长阶段便已经在原生家庭中养成了不止三分的刚性，甚至拥有七分刚性的女性也不在少数，难道她们的婚姻和家庭就一定不幸福吗？也不尽然。关键在于是否遇到与自己刚柔互补的伴侣，以及是否能够实时地发扬那几分温柔，就像太极的推手，你出力时我便收力，你该收力时我便出力，如此双方方能相互支持，达到阴阳平衡。相反，如果任何一方一味地刚强或柔和都会造成阴阳不调，从而引发家庭问题。

在家庭治疗领域中，有一个专业词汇叫“双重束缚”，是指一个家庭中的小孩在成长过程中，由于父母观念不统一，孩子被两种观念拉扯，导致他们产生矛盾的心理和人格，更为严重者，甚至还会出现精神分裂。造成这种问题的根源就是父母双方的观念无法融合，不能形成统一的家庭文化。

因此，无论是为了孩子的身心健康，还是为了夫妻本身的婚姻幸福，夫妻在经营家庭时都需要注意阴阳调和。可以趁着春分时节，大自然阴阳调和之际，理清家庭问题背后的心理症结。也许无法彻底做出改变，但是一定有助于了解彼此。只有相互了解，才能相互理解；只有相互理解，才能相互包容；而相互包容了，两股绳便合成了一股，不再碰撞和拉扯。

清明

天人合一

清明

［唐］杜牧

清明时节雨纷纷，路上行人欲断魂。

借问酒家何处有？牧童遥指杏花村。

清明节，兼具自然与人文两大内涵，既是二十四节气之一，也是传统祭祖节日。当太阳到达黄经 15° 时为清明节气，时间在每年公历四月五日前后。

《岁时百问》解释说：“万物生长此时，皆清洁而明净，故谓之清明。”天清气明，就是“清明”名称的由来。清明时节的习俗有很多，如踏青、放风筝、植树、扫墓祭祖、插柳等。作为二十四节气中唯一被确定的全国性法定节日，人们对清明的重视程度可见一斑。当然，清明时节在心理建设中的地位也是无可比拟的。

踏青：亲近自然，舒展心情

清明节又称踏青节。清明期间正是春意盎然、万物萌动之时，人们远足踏青，探春、寻春，亲近自然，可谓顺应天时。

清明踏青，最早的源头应该是古人游春的习俗。到了汉代，汉武帝曾在清明节这天，在曲江边上大宴群臣，待酒足饭饱之后，汉武帝便在众臣的簇拥之下，在江边游春赏玩。

唐代诗人杜甫在《清明》一诗中写道："著处繁花务是日，长沙千人万人出。"由此可见，当时清明节赏花游玩已成为时尚。

宋代，每逢清明节这天，人们聚亲约友，扶老携幼，趁大好时光到郊外踏青。北宋著名画家张择端的《清明上河图》，便是北宋豪门巨富踏青远足时的真实写照，画中极其生动地描绘出了以汴京城外的汴河为中心的热闹景象。

明清时期，人们会在扫墓之后接着游春。明代刘侗、于奕正合撰的著名方志《帝京景物略》中记载有当时于京郊清明踏青时的一幕场景："是日簪柳，游高梁桥，曰'踏青'。多四方客未归者，祭扫日感念出游。"[①]

踏青是一项有益身心健康的活动，因此千百年来代代相传，深受民众喜欢。时至今日，踏青活动的规模更大，内容也

---

① 矫友田：《二十四节气》，山东城市出版传媒集团·济南出版社，2018 年，第 11 页。

更加丰富。

清明时节，大自然生机勃勃，焕然一新，此时正适合亲近自然，感受自然的力量，与花草树木、飞禽走兽等各种生命交流、通心，感受它们存在的奥秘与乐趣。

在西藏林芝市的一个山村里，有一个“世界柏树王园林”景区。景区内有一棵世界上最大的柏树，它高 50 米，直径 5.8 米，树龄 2600 多年，号称“世界柏树王”。之前我曾带学生近距离地观察过它。当时一位学生涕泪满面地表达了她内心的领悟：“我一直觉得自己很了不起，但这次与柏树王交流完以后，我感受到了自己是多么的渺小和卑微，我的生命只有短短几十年，与柏树王的寿命不能相提并论，更何况是面对整个大自然。”很多人面对大自然还觉得自高自大，认为人类才是大自然的主宰者，其实不然。生而为人，必须要谦卑，对人、对事、对自然保持内省的、谦卑的心态才是对的。

这是学员在观察柏树王后所获得的心灵成长。万物有灵，与自然交流交心，我们一样可以获得力量，汲取养分。“天行健，君子以自强不息”，推己及人，我们也应该效法天地，永远不断地前进，积极向上，自强不息。在踏青节这天，与自然亲密互动，有助于自我的有效发展。

生态心理学认为，自然世界塑造着人类的心理世界，人类的心理世界也塑造着自然世界。人们接触大自然，与自然沟通，可以带来积极的情绪，减轻内心的压力，进而实现内心的和平，感悟生活的意义。这也是踏青、旅游等活动深受现代人喜欢的原因之一。

当然，自然之景，也都是有生命和品格的。摸清它们的品性，才能更好地与它们互动。勇者喜山，智者亲水。山清高、担当；水温柔、包容；海和草原博大、宽广。如果要寻找挑战，自然是登山；要开阔心胸，规划未来的方向，应该去看海或者在草原上策马奔腾一番；如果要修复与他人的关系，最好是去美丽的湖边游览。

我们要根据自己的性格、目标、当下的心情和心灵的需要，选择合适的游玩地。当然，最重要的是将眼前的景与物都当作有生命、会回应你的“对方”来看待，要与它们对话、交流，而不是不停地拍照，马不停蹄地赶路。你与景真正融为一体，才能实现治愈效果的最大化。

祭祖：家风家教的优化处理

清明节，也称寒食节，是我国最重要的祭祀节日之一，是祭祖和扫墓的日子。我国曾流传着“三月清明雨纷纷，家家户户上祖坟”的民谚。

寒食节的由来和历史人物介之推有关。介之推是春秋时代晋国的忠臣，又名介子。作为不慕虚名、不计报酬的晋国国君晋文公的忠实臣僚，他留下了很多故事，如“割股奉君”“功不言禄”“功成身退”等，被民间广为传颂。传说，介子推隐居山林，不愿受封赏，后来在火中丧生。为了哀悼介子推，晋文公下令将介子推被焚的三月五日定为火禁日，禁止烟火，仅食寒食，由此形成了这个中国古代著名的节日——寒食节。虽然寒食节的真正起源并非来自于此，但将纪念介子推作为寒食节起源的说法却更为流行，后来寒食节逐渐被清明节取代，许多人又把纪念介子推说成是清明节的起源。

每当清明节来临，在外乡的人们会不远千里回到故乡，为逝去亲人的坟头除去杂草，添一捧新土，摆上祭祀的果品什物，郑重地拜上一拜。清明节，不仅是人们祭奠祖先、缅怀先人的节日，也是中华民族认祖归宗的纽带。

家庭不只是人们身体的住处，更是人们心灵的归宿。对祖先的追思，也反映出了对家族文化的梳理与思考。家风好，就能家道兴盛、和顺美满；家风差，难免殃及子孙、贻害社会，正所谓“积善之家，必有余庆；积不善之家，必有余殃”。诸葛亮的《诫子书》，以及《颜氏家训》《朱子家训》等，都是在倡导一种家风。[①]

① 中共中央党史和文献研究院：《习近平关于注重家庭家教家风建设论述摘编》，中央文献出版社，2021 年，第 24 页。

清明时要做的家风建设和春分时的是不一样的。如果说春分是从夫妻关系的角度横向调节家庭文化，那清明就是要追根溯源，从原生家庭纵向优化家庭文化。

2016 年，中国青年报社社会调查中心对 2000 人进行调查，结果显示：受访者从原生家庭中主要继承的是生活习惯（79.6%）、价值观（56.2%）和待人接物方式（53.1%），而过度保护和过度高压是受访者原生家庭最普遍的不良特点。

要想改变这种不良的家庭文化，关键还是要看个人的态度和选择。想要摆脱原生家庭在自己身上的烙印，我们就要先接纳来自原生家庭的创伤。正如舞者在练习时，要面对镜子才能觉察动作是否标准，进而做出调整，人也必须先认清自己从原生家庭当中习得了哪些不良思维、不良行为，才能继续下一步的矫正工作。事实上，很多人已经意识到原生家庭的不良文化。调查显示，对于原生家庭遗留的问题，60.5%的受访者表示自己会正视和解决；62.9%的受访者认为年轻人应该给自己信心，相信自己可以摆脱原生家庭带来的负面影响。

值得一提的是，很多问题是每个家庭都会有的，我们不能因为有问题就完全否定自己的原生家庭。对于好的家庭文化，我们也要继承发扬。告别原生家庭的不良文化，继承好的文化，也是清明节家风建设的重要意义。

扫墓：处理分离性创伤

清明节扫墓的另外一个重要意义就是抚平亲人过世所造成的创伤。不管逝去的亲人是自然衰亡还是意外身亡，是年轻人还是老人，亲人过世都会给在世的人带来巨大的创伤，扫墓这个仪式就可以帮我们抚平这个伤痛。

人在成长过程中，要经历各种分离。常态的分离包括上学时与家庭分离，失恋时与爱人分离，结婚时与原生家庭分离，离职时与同事分离等；也有一部分人遭遇了非常态的分离，比如被送养、拐卖，意外离世（天灾人祸）、引产、流产等。这些分离一步步地构成了我们的人生，甚至一些分离体验还会决定我们未来人生的走向。

我曾经接待过一个类似祥林嫂的来访者。她是一位准妈妈，却在怀孕六七个月时因为一些特殊原因流产了。她感觉自己的孩子被人杀死了，可她又无能为力，因此精神崩溃。家人把她送到精神病院，住院吃药一段时间后没有缓解，于是找到我进行心理咨询。

在做治疗时，我知道她需要用健康的方式找到这个平衡，如果找不到平衡，她就只能用“症状”找平衡了。我运用与家族对话的文化心理疗法，先让她用石头把她丈夫家里死去的祖先排列出来，然后让她面对面与“他们”对话。她先问他们：

“我的孩子去哪里了，你们见到没有？”有“人”回答：“见到了。”她接着问：“那你们怎么安排他呢？”有“人”说：“他是我们家族的人，我们已经把他安排好了，我们会照顾好他的。”做完之后，她的症状就得到了缓解，因为她解决了一个问题：她孩子的归宿找到了。

但她所说的杀死孩子的“凶手”还没有被惩戒。我又用另一个文化仪式——象征，让她与“凶手”对话：“你为什么要杀死我的孩子？”在这个过程中她渐渐得到了释放，因为她毕竟还有一个现实的自我、道德的自我和社会的自我，这个过程中她知道了她是无能为力的。这一切“仪式”完成之后，她的症状也就消失了，再加上药物的治疗，根本问题得到了解决，她找到了一种健康的平衡方式。

当然，这位来访者的情况只是特例，很多人并不会经历这种残酷的分离。但只要是分离，大多数人还是不愿意面对的。因为别离意味着孤单无依靠，是一种“劝君更尽一杯酒，西出阳关无故人”的悲戚，有种“冷冷的冰雨在脸上胡乱地拍”的凄凉孤寂之感。人生的四大乐事，其中之一是他乡遇故知。这也是期盼团聚的内心呼喊。我们刻苦学习、勤勉工作、买房购车、结婚生子、广交朋友……这些都是为了构建属于自己的安全城堡，让身心不再漂泊。

但是分离又是逃离不掉的，毕竟我们还是要上学、工作、结婚的。分离会引发焦虑与冲突，严重者会导致心理失衡，引发精神问题，如上文中提到的那位来访者事件。虽然我们知道有些事是无力改变的，但是沉浸在其中的痛苦体验却是无法自拔的，内心这道坎儿实在难以跨越。

我曾自创了一个关于分离的心理咨询技术，名字叫“一次别离”。该技术运用简单的“走”“拉”“求”“抓”几个动作来模仿分离，使参与人员能够体验到分离时的无能为力和自己大声挽留时的强烈渴望。再一次经历分离，再一次面临痛苦，这种深刻的体验其实也是对以往情结的交代和总结。参与者已经意识到分离给自己带来的伤害，已经表达了那时曾经没有勇气说出的话，这其实也是一种解脱，一种豁达。

荣格说：“我们无法消灭情结，只是我们不再让情结拥有我们，而是让我们拥有情结。”我们要做情结的主人，而不是情结的奴隶。清明这个节气是对分离性情结进行处理的好时机。当我们把生离死别处理好的时候，我们的心理就会达到健康与幸福的最佳状态。

谷雨

心理晾晒

咏廿四气诗·谷雨三月中

［唐］元稹

谷雨春光晓，山川黛色青。
叶间鸣戴胜，泽水长浮萍。
暖屋生蚕蚁，喧风引麦葶。
鸣鸠徒拂羽，信矣不堪听。

谷雨，是二十四节气中第六个节气，也是春季的最后一个节气。谷雨是“雨生百谷”之意，时间在每年公历四月二十日前后。“清明断雪，谷雨断霜。”谷雨时节的到来意味着寒潮天气基本结束。此时，黄河中下游气温回升明显，春雨也开始多了起来。谷雨连着春天和夏天，因而谷雨虽然有春天“小清新”的气质，但也带有夏天热烈的性格。①

① 矫友田：《二十四节气》，山东城市出版传媒集团·济南出版社，2018 年，第 28 页。

仓颉造字：大我意识

关于“谷雨”二字的来由，还有个典故。黄帝时代，部落中出了个能人仓颉。他立志要使人间摆脱没有文字的苦难，于是辞官外出，遍访九州，回到家乡潜心造字三年，终于造出了“一斗油菜籽”那么多的字。天庭的玉帝知晓后大受感动，决定奖励他一个金人，但仓颉认为自己只是做了分内之事，不配受此大礼，于是让人把金人送给黄帝。

几天后，玉帝又在梦中问他，给你金人你不要，那你想要什么呢？仓颉说：“我想要五谷丰登，让天下的老百姓都有饭吃。”第二天，天上就落下谷粒，那谷粒下得比雨点还密，足足下了半个时辰，地上积了一尺多厚才停住。仓颉高兴极了，急忙向黄帝报告。黄帝听后非常感动，于是，他把这一天定为“谷雨节”，命令天下的人到了这一天都要感恩上天所赐的谷米，从此谷雨节便传承下来。

仓颉不收金人，而希望天下百姓都有饭吃，这种大公无私的精神，是大我的表现，值得我们敬佩。

瑞士心理学家荣格把自我分为“大我”和“小我”，他把“大我”比作一个圆的圆周，而“小我”就是这个圆的圆心，这里的“大我”就是群体意识，“小我”就是自我意识。集体意识就是做事要符合集体的利益，为集体考虑，是集体主义的呈现；而自我意识则是从自我出发，以个体利益为主，是个人主义的表现。

孟子所提倡的“穷则独善其身，达则兼济天下”一直流传至今，这是中华民族始终崇尚的品德和胸怀。孟子是想告诉我们：一个人在穷困潦倒、不得志的时候，就要努力加强自身的修养；当他事业有成、可以施展抱负的时候，就要懂得心怀天下，造福社会。[①]

这个道德准则并不容易做到。在心理咨询中，我发现那些出现心理问题的人，有一个共同点，就是过分计较个人的得失。他们总会抱怨自己被不公平地对待，或者付出那么多却没有得到想要的回报。

现代人的“病根”是什么呢？荣格认为，就是强硬的自我意识远远地离开了它的母体——集体心理，离开了人的良知，离开了人的灵魂。

荣格在心理治疗中发现，个人意识背后有一片巨大的海洋，或者说一股巨大的能量，它在主宰着个人的思考、情绪和行动，这股力量就是“集体心理”。荣格认为，人的自我意识并不是与生俱来的，人在没有自我意识之前，就已经有了丰富的心理活动，就是所谓的集体心理。每个人身上这种最原始的

① 韦志中，卢燕博：《中国人的幸福之道——向孟子学积极心理学》，江苏凤凰科学技术出版社，2019 年，第 141 页。

集体心理，才是我们幸福的根源，才是人与人之间关系和谐的根源。

谈到这里，我们仿佛看到了古人口中的仁、义、礼、智、信，孟子说：“恻隐之心，仁之端也；羞恶之心，义之端也；辞让之心，礼之端也；是非之心，智之端也。”这不就是每个人天生就具备的良知吗？

从这个视角来看，一个人产生心理问题，主要是因为自我意识脱离了集体心理，人们受困于个人的得失，忽略他人与集体，离开了内心深处的良知。这就是所谓的“小我”意识。像仓颉那样愿意为社会需要努力奋斗，不计较个人利益，一心一意奉献的人，才是具有“大我”意识的人，才是值得人们歌颂的人。

其实每个人生来都有一颗纯粹的心，但会随着社会环境的变化而逐渐变得复杂起来。当我们以为早已丢失那颗愿意付出的心时，其实那颗心一直都在。所以，当我们在追求个人理想时，也不要忽视内心的良善。

虫儿节：自省

谷雨前后是农业生产最繁忙的时节，此时我国北方大部分地区正值农作物出苗的关键时期。农事繁忙，也许会打扰或得

罪了一些“朋友”，如蚯蚓、蝈蝈等。在云南西双版纳的哈尼族有这样一个习俗，在谷雨前后，为这些“朋友”过个节。人们会到田地里找几条蚯蚓、蝈蝈等作为代表，然后主持仪式的人念念有词，告诉这些“代表”，人们在耕作的时候可能会打扰到它们，甚至还会无意间伤害到它们，人类在这里郑重忏悔，希望可以得到它们的原谅，之后将这些“代表”放生。

这种做法是因为人们相信蚯蚓虽小，却有着翻土机、肥料厂、蓄水池的三重功能。它们能使田地的土质变得疏松，也利于蓄积雨水，更利于微生物活动蓄积肥力。所以人们会选择一个“节日”，暂停耕田，给人类和小动物都放个假，既是表达感恩，也是自省。这种源于自省的慈悲也是非常重要的美德。

学会自省，是一个人了不起的能力。我们在追求目标的过程中，亲子关系、夫妻关系、朋友关系、同事关系都可能或多或少地受到影响。为了追求目标，我们可能会舍弃陪伴爱人和孩子的时间，对朋友的回应变少，同事关系也会变得紧张，甚至还会无意间伤害他们，这时我们该怎么办呢？谷雨时节给了我们一个方法，那就是学会自省，及时反思自己的行为，不要让伤害继续下去。

自省是不断认识自我的过程，也是“脱马甲”的过程，将自己的外壳一层层脱离，显露自己的初心，这是非常可贵的。但世界上最遥远的就是“知道”和“做到”之间的距离，很多人懂得自省的重要性，依然不愿去自省。我觉得最深层次的原因，是因为自省挑战了自尊。

为自己辩护，给自己找借口，指出外界或他人的责任，这些都是自尊的需求。当我们受到批评指责，自我防御系统会第一时间启动，竖起坚硬的盾牌来保护脆弱的自尊。所以，反躬自省需要我们的内心足够强大。当自我强大到一定程度时，你就可以放下自我，敞开心门迎接一切，而不必担心失去或受到伤害。

对虫儿我们能反省自身行为，对打扰和伤害它们的行为抱有歉意，对身边的人，我们更应该如此。在感谢他们付出的同时，我们也要反省自己是否做得不够好，伤害了他们。曾子曰："吾日三省吾身：为人谋而不忠乎？与朋友交而不信乎？传不习乎？"也许我们做不到曾子的三省吾身，但是要有反省的意识和行动。每天反省自己失败及成功的原因，反思自己与他人的关系，尽可能做正确的事。

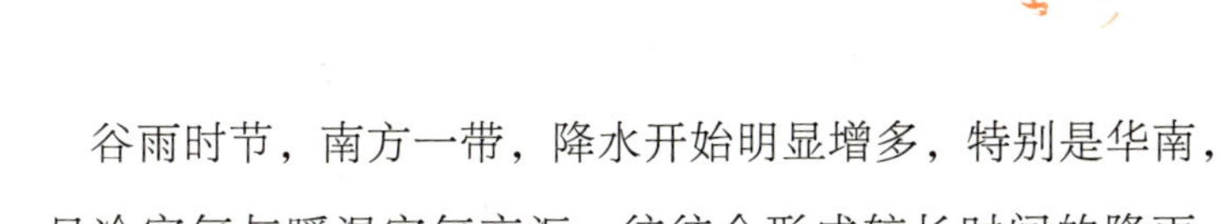

晾晒：自我暴露

谷雨时节，南方一带，降水开始明显增多，特别是华南，一旦冷空气与暖湿空气交汇，往往会形成较长时间的降雨，也就是进入了一年一度的前汛期。较长时间的暴雨还会引发泥石流、山体滑坡等灾害。此时农田防渍防涝绝不可放松。

大家请注意，当雨水多的时候，空气就容易潮湿，东西也容易发霉。应对发霉最好的方法就是晾晒。所以这个时节要通风，要让阳光照射进来。我们的心理状况也是一样的，若不适时地“晾晒”，也容易“发霉”。

现在许多人喜欢在微信、微博这样的社交网站上晒幸福、晒甜蜜、晒美食……然而却鲜有人晒出内心的一些小情结或私密的感受。过去的事情、曾经的感受，会在我们的心中留下印记，尤其是那些曾让我们流过眼泪的经历。出于自我防御的本能，我们总是把这些藏在内心深处，不愿意拿出来，更不愿意被别人看见。然而从辩证的角度来看，我们越不敢暴露就越没有安全感，越没有安全感就越是把内心的伤痛捂得严严实实。如此，我们就会一直被过往的心事牵制，难以对未来展开心扉。

每个人都有自我防御的本能，适当的防御是健康的，就好比每个人的内心都是一个院子，有门、有围墙，这些都是正当的防御措施。心理健康的人与心理不健康的人的区别就在于：心理健康的人会时常把心门打开，让院子透透风，有人路过向院子里张望时，他也能够泰然自若；心理不健康的人则从来不开门，不仅不开，还会把门关得严严实实，甚至于担心有人踮脚向院里张望，不断地加高、加固他的院墙，最终把院子筑成了碉堡。如果碉堡被外力推倒，他将彻底暴露在众人的视线之下，无地自容，精神崩溃。因此，为了避免外力的“侵入”，他便会在碉堡里准备武器，谁靠近就打谁。这就属于过度的自我防御，是不健康的。因此具备自我暴露的能力，于己于人都是非常重要的。

“自我暴露”也是心理咨询师在咨询过程中经常使用的一种技巧。作为心理咨询师，我们需要具有自我暴露的能力，因为前来咨询的来访者们的内心通常是封闭的，犹如一扇紧紧关闭的窗户，由于缺乏安全感而不愿意敞开。咨询师不能强硬地打开来访者心灵的窗户，必须先把自己的内心向来访者开放，让对方看到把那些“潮湿发霉”的心事“晾晒”之后的内心是多么清爽。这样来访者才能受到鼓励，进而有所行动。

自我暴露有三个层次：最浅层的自我暴露水平是人们的兴趣、爱好等，比如日常情趣、饮食习惯、着装习惯、闲情逸致等；第二层次的自我暴露主要是态度的暴露，包括对人、对事所持的观点、看法和评价；第三层次的自我暴露直接涉及自我的人际关系和自我概念状况，例如与朋友、同事、上下级的关系，与父母、配偶、儿女的关系，或者自卑情绪、自负情绪、失落感、无助感等。

自我暴露的广度和深度是人际关系深度的一个敏感的“探测器”。当一个人开始自我暴露时，这便是信任关系建立的标志。而对方以同样的自我暴露水平做出反应时，意味着他也信任了你，你们两人的关系则会更近一步。亲密关系的建立，往往都是从自我暴露开始的。自我封闭倾向很强的人，他们的心里很累，精神负担很重，容易变得固执、呆板、抑郁、多疑、敏感等。

我经常听到身边有人抱怨自己的生活中没有阳光，是真的没有阳光吗？当然不是。“晓天谷雨晴时，翠罗护日轻烟里”“帆得樵风送，春逢谷雨晴”“拨棹茶川去，初逢谷雨晴”，这些描写谷雨的诗句都有一个共同点：“谷雨”后面都有一个“晴”字。这是在告诉我们，在这个多雨的时节里，也能够晒到阳光。所以不要抱怨没有阳光，要敢于打开自己的内心，找人谈心，主动说出自己的心事。

具体可以这样做：从谷雨到立夏的十五天里，我们每天发朋友圈表达所遇所思所想，也可以找亲朋好友聊一聊你今天遇见了什么、内心有哪些感受等。每天晒一晒心情，让自己活得轻松、通透。

立夏

使劲发力

立夏

[宋]陆游

赤帜插城扉，东君整驾归。
泥新巢燕闹，花尽蜜蜂稀。
槐柳阴初密，帘栊暑尚微。
日斜汤沐罢，熟练试单衣。

立夏，是二十四节气中的第七个节气，也是夏季的第一个节气。《月令七十二候集解》中这样解释立夏："立，建始也，夏，假也，物至此时皆假大也。"这里的"假"，即"大"的意思，是说春天发芽生长的植物到此已经长大了。立夏时节气温明显升高，雷雨天气增多，农作物生长进入旺季，草木生长至此而愈加葱郁、繁盛。

春争日，夏争时：时不我待

如果说春天是万物生长的季节，那么夏天就是万物长大的

季节，这时自然界的动、植物都进入了旺盛的生长期。民间有一句谚语："春争日，夏争时，庄稼宜早不宜迟。"这句话的意思是说春天尽量早一天播种，夏天尽量提前一个小时播种，做什么事都应该提前做好准备，不应该拖延。

从这个角度来说，夏天的时间是比春天更珍贵的，此时不再以"天"来衡量，而是精细到"小时"。春天我们可以慢悠悠地过，过一天是一天，夏天则要争分夺秒地去拼搏。一年四季，春夏秋冬，无论是个人的事业发展，还是内心自我的成长，都会在热烈的夏季里壮大和繁盛。

事实上，如果按照天道来看，我们一年当中真正能干成事业的时间是不多的。春天播种，秋天收获，冬天休憩，只有夏天才是挥洒汗水、放开手脚的好时节。经过春天里雨水的灌溉、阳光的照射后等，从立夏这一天起，我们就应该使劲往上走了。

不要有任何怀疑，既来之则安之。既然来到这个世上，我们就应该好好经营人生。

记得 2018 年的时候，我一年录了一千二百个小时的课。一年三百六十五天，我每天都在录课，而我在夏天的时候录的课最多。所以，立夏时节，你就要把自己完全地放出去，疯狂地去生长，多做事情，直到你自己筋疲力尽，超出你自己的最近发展区。然后，你才可以闲下来，笑看门前花开花落。夏天的时候，不要装优雅和轻松，不然你就谈不上成长了。当然，我所说的"成长"，更多是指去多做事情，把事情做成功。

夏天的时候，就要把春天定下的目标给落到实处，并且不能半途而废。不能半途而废不仅仅指要把事情做完，还要把事情做好。比如耕地、播种、浇灌之后，你还要给田地除杂草，还要防虫害、旱涝天气等。如果预防措施没有做到位，一样会出现减产甚至颗粒无收的情况。

同理，同样在做一件事，付出不同，结局也完全不同、有人欢喜有人忧。在我看来，忧愁的一方很大程度上是没有坚持到底的。行百里者半九十，一百里的距离，你走了九十里，但因还差十里，相当于只实现了一半的目标，若就停在这里，以前的努力也都付诸流水；只有再把那十里补上来，你才可以实现后面最关键的跨越。

事实上，与时间同行，就是按照大自然的规律去运行。那它是在告诉我们什么呢？是在告诉我们：该我们发力的时候，我们就要使劲用力；该我们停下来的时候，我们就停下来。

立夏时节，就是要把责任承担起来的时候，把所有在春天列出来要做的事情，都一一落到实处，去拼搏！夏天的时候你干好了，其他季节你才能放松，这叫一张一弛。如果你在夏季松松垮垮的，到了秋天就会匆匆忙忙，冬天你也不能够闲下来，那么一年四季就没有办法按照自然界的规律去运行了。

斗蛋：敢于竞争

我们挥汗如雨做事情时，也会遇到挑战和竞争，此时我们该怎么做呢？

立夏时节，有一项别具一格的习俗——斗蛋。在立夏的正午时分，家家户户都会精心煮制囫囵蛋（即带壳清煮的完整鸡蛋，确保不破损），随后将其浸入冷水中，一刻钟后，再套上事先编织好的丝网袋，挂在孩子们的脖子上。孩子们三五成群一起玩斗蛋游戏。他们将蛋分为两端，尖的一端视为“头”，圆的一端则为“尾”。斗蛋的规则很简单：蛋头斗蛋头，蛋尾击蛋尾，轮流进行比拼。一旦有蛋破裂，其主人便宣告认输。经过一轮又一轮的较量，最终决出胜负。蛋头获胜的人被封为“大王”，蛋尾获胜的人则被称为“小王”或“二王”。

立夏斗蛋、吃蛋的习俗由来已久。关于立夏，还有一句谚语：“立夏胸挂蛋，孩子不疰夏。”相传从立夏这一天起，天气晴暖并渐渐炎热起来，许多人特别是小孩子会有身体疲劳、四肢无力的感觉，食欲减退，逐渐消瘦，称之为“疰夏”。古人认为，鸡蛋圆圆溜溜，象征生活之圆满，立夏日吃鸡蛋能祈祷夏日之平安，经受住“疰夏”的考验。

斗蛋的初衷是为小孩消暑祛病，以防疰夏。但“斗”也意味着竞争。我们在争分夺秒拼搏的时候，也会有竞争者的出现。此时我们要敢于竞争，迎接挑战。

现实生活中，群体与群体之间、群体中各成员之间，总是处于竞争与合作状态之中，有竞争，也有合作，两者往往是并存的，从而使人们的社会生活变得千姿百态。

我们身边有这样一类人，他们也很努力地做事情，却不敢和他人起冲突，也不想看到冲突。他们喜欢做老好人，别人一争执他们立马就上去和稀泥，想着赶紧把事情压下去。如果深入分析，就会发现他们的成长环境中，是害怕有冲突出现的。当然还有一类人，他们喜欢在冲突中解决问题，没有冲突，他们反而会制造冲突。凡事都有个度，如果把握不好边界，这类人很容易形成破坏型人格。

总是害怕冲突产生、不敢与他人起冲突的人，是不敢竞争的。在成长和事业发展的过程中，他们也会尽量回避一些竞争。但只有合作，没有竞争，合作也会缺乏动力。当然如果过分强调竞争，以致损害了其他目标，对集体利益、集体精神和集体道德有所破坏，那这种竞争也会经常遭受失败，使人产生挫折感、失败感与自卑感。

在我看来，最好的竞争应该是与自我的竞争，是对自我的挑战与突破。打败我们的从来不是别人，而是自己。人这一生中，最大的敌人其实是自己。只有改变自己，才能改变别人；只有战胜自己，才能战胜困难。

在闻名世界的威斯敏斯特大教堂中，有一块名扬世界的墓碑，许多世界政要和名人看到这块墓碑上的碑文时都感慨不已。这段碑文是这样的：

当我年轻的时候，我的想象力从没有受到过限制，我梦想改变这个世界。

当我成熟以后，我发现我不能改变这个世界，我将目光缩短了些，决定只改变我的国家。

当我进入暮年后，我发现我不能改变我的国家，我的最后愿望仅仅是改变一下我的家庭。

但是，这也不可能。

当我躺在床上，行将就木时，我突然意识到：如果一开始我仅仅去改变我自己，然后作为一个榜样，我可能能够改变我的家庭；在家人的帮助和鼓励下，我可能为国家做一些事情。然后谁知道呢？我甚至可能改变这个世界。

要想改变世界，必须从改变自己开始。要想撬起世界，最佳支点只能是自己的心灵。改变自己，要从现在开始。立夏时节，我们要去做一些有挑战的事情，咬定自己的目标不放松，要有一种“斗罢艰险又出发”的豪情壮志。如果你是一名跳高运动员，你跳了 2 米高，那现在要求你跳 2.1 米，你达到了，就是超越了自我。

用同样的道理，我们来看一个人的心理成长。

假如你的心理成长可以表现为跟十个人和谐相处，这十个人为人处世的谦和程度分为十个级别，那么你可以先跟最谦和、相处最舒服的人相处，这个人排第十名；第九个人，稍微难一点，但相处起来也相对舒服；第八个人，相处起来也算舒服；第七个人，相处起来就没那么舒服了……那么，最后一个人，可能是最难相处的，你就要一点一点地运用前面的经验，然后调整自己的心理状态，去适应新的相处方式，等你和最后一个人都能很好地相处，那么你还有什么性格的人应付不来呢！这就是一点一点地改变自己。

阳明先生说："越是艰难处，越是修心时。"成长的规律就是这样的。"艰难处"是什么样的呢？"艰难处"当然就是超出了自己的心理舒适区的那个地方。

敢于竞争，勇于挑战，这是斗蛋给我们的心理养分。在这个疯狂生长的节气里，我们的心理建设也需要加大力度，以时不我待的紧迫感和只争朝夕的责任感，面对挑战，奋勇向前。

称人：量力而行

立夏"称人"的习俗主要流行于我国南方。民间相传，这和诸葛亮与孟获、刘阿斗的故事有关。

相传孟获被诸葛亮感化后，归顺蜀汉，对诸葛亮言听计从。诸葛亮临终前嘱托孟获，希望他每年都能来探望蜀主刘禅一次。而这天正好是立夏。孟获听了诸葛亮的话，随即便去拜见蜀主刘禅。此后每一年，孟获都会遵守诺言，在立夏日前往蜀地拜见刘禅。

数年之后，晋武帝司马炎灭蜀，将刘禅掳至洛阳。尽管蜀国已不复存在，孟获却始终铭记着诸葛亮的遗愿，仍坚持在每年立夏时，带领部下前往洛阳探望刘禅。每次探访，他都会亲自称一下刘禅的体重，以确认刘禅是否受到晋武帝的善待。他扬言，若发现刘禅在洛阳受了委屈，必将起兵反晋。

为了迁就孟获，晋武帝每年夏天都会用糯米和豌豆煮成美食款待刘禅。刘禅品尝后觉得美味可口，便加倍食用。因此，每当孟获前来给刘禅称重时，总能发现他的体重比上年有所增加。尽管刘禅并无显赫的才能，但得益于孟获的立夏称人之举，晋武帝也不敢怠慢他，他在晋朝的日子过得还算安稳。

当然，这只是后人的一种附会，与史实存在着很大差异，但也能由此看出百姓对“清静安乐”生活的期盼和向往。立夏称人会给阿斗带来福气，人们也祈求上苍给自己带来好运。于是这一习俗在民间迅速流传开来。民间俗信，这一天称了体重之后，就不怕夏季炎热，不会消瘦，否则会有病灾缠身。

这个习俗，有一种特别的隐喻。称人，知道自己几斤几两，也可以引申为有自我认知，做事情要量力而行，不能拿鸡蛋碰石头，不做无谓的牺牲。

现实生活中，有些人做事总不成功，不能达到自己的目的，其实有很大一部分原因就是他们的自我认知和评估出了问题。自我认知过高，就会频繁遭遇挫折，消磨自己的积极性；自我认知过低，就会畏首畏尾，停在原地打转。自我认知要在合理的范围内，然后才能理性迎接挑战，面对挑战。

我前面有条小河，如果立定跳，我是跳不过去的。我想要跳过去，就要和小河拉开距离，之后拼尽全力助跑，到了河边，起跳，最后成功跳到了河对岸。虽然我摔倒在地上，没有像运动员那样稳稳落地，但我完成了目标，我的努力是建立在自我认知的合理范围内的，两者是不冲突的。虽保证不了优雅，但我敢于挑战，这比维持优雅更难能可贵。

有些年轻人，正值青春年华，却美其名曰喜欢“顺其自然”“清静无为”“看淡放下”，没有一丝斗志。可是他们当中有些人从来没有拿起过，没有成功过，那么放下又何从谈起呢？其实这就是一种逃避。年轻人做事，要有豪言壮语，要有舍我其谁的担当。即便用力过猛也不要紧，其实很多人都存在用力过猛的时候，毕竟明天怎么样谁也不清楚，大家都是凭着自己的学识、经验、热情、信念来做事。至于成功与否，那都是后天的事了，我们无法提前知晓。

做事，我们要忠于自己的内心。如果你总是活在别人的看法中，不敢离开自己的舒适区，发起新的挑战，你将很难成功。

一定要在做事上构建自信。这个“做事”，不是对着镜子说我很了不起，也不是靠手机美颜效果把自己拍得漂漂亮亮的，而是“做成事”，拥有成功经验，从骨子里认可自己、欣赏自己，从而散发出自信的魅力。

给自己打鸡血，靠别人夸赞，这都是虚的，不能给自己带来实际的帮助，一定要脚踏实地地去做事。我做网校六年期间，大力普及心理学，提供心理教育与服务；在基层推动社会心理服务模式创新，开设心理茶馆，为民众进行心理疏导、矛盾调解等公益服务，数以十万计的民众因为心理学而受益，这些成效都是实打实的。

拥有了成功经验之后，你的内心就会生发出浩然正气。在心灵的四季中，夏季是浩然正气比较充盈的时候，立夏则标志着浩然正气开始凝聚。当我们内心充满浩然正气的时候，他人的误解、质疑、诽谤根本伤不着我们，因为我们会坚信自己的判断。需要注意的是，软弱的人是没有浩然正气的，他们的判断也是偏执的。

当然只靠浩然正气也是不现实的，还需要进行物质上的补充。立夏节气中的很多习俗，是和吃有关的，如吃蛋、煮鼎、吃面食、七家粥、尝三鲜、五色饭等。关于立夏煮鼎，还有这样一个传说：

明朝嘉靖年间，福州沿海城乡常遭倭寇骚扰。戚继光带兵入闽剿倭，受到当地人民的拥戴与欢迎。老百姓经常送粮送食犒劳戚家军。有一天，当老百姓将家里好吃的东西送过来慰劳军队时，一股倭寇突然向福州南郊扑来，戚家军紧急集合准备迎战。为了不让将士们饿着肚子迎敌，必须尽快想办法让他们吃饱饭，此时不知是谁出了个主意：将大米磨成浆，把肉丝、蚬子、金针菇等食物一股脑儿地混煮成高级清汤，然后涮米浆于锅边。不消一刻钟，一锅又一锅的鼎边糊就做好了。众将士吃饱后奋勇上阵，不消一个时辰，就把倭寇全部消灭在海边。

这些关于吃的习俗，其实也是在提醒我们，在追求目标的过程中，也需要及时补充能量，坚固心志，强健体魄。所谓“量力而行”，这个“力”不仅仅指体力，也指心力和魄力。在立夏这个关键时刻，我们既要保存体力，也要增加心力，提升魄力。

斗蛋习俗告诉我们要敢于竞争，秤人习俗又劝导我们量力而行。两者看似矛盾，实则相辅相成，都在说明竞争需要评估自己的实力，自我也需在竞争中实现突破。

在立夏时节，愿我们每个人既能客观评价自己，也能拥有勇气超越自我。

小满

小满未满

小满

[宋]欧阳修

夜莺啼绿柳，皓月醒长空。
最爱垄头麦，迎风笑落红。

小满，是二十四节气中的第八个节气，夏季的第二个节气。每年公历五月二十日到二十二日之间，太阳到达黄经 60° 时为小满。

《月令七十二候集解》这样解释小满：“小满者，物至于此，小得盈满。”意思是说，在小满时节，大麦、冬小麦等夏收作物已经灌浆结果，但尚未成熟，所以叫“小满”。[①]

如果说立夏节气是进入夏季的标志，那么小满节气就是逐渐接近炎炎夏日的开始。此时，不仅天气炎热，而且雨水也开始增多，预示着潮湿、闷热的天气即将到来。

① 李学峰：《二十四节气与七十二物候》（第二版），中国摄影出版社，2021 年，第 90 页。

小满与青春期

从农候上看，小满是麦子籽粒欲待成熟、将满未满的时节，芒种是收麦子、种稻子的时节，所以才有“小满赶天，芒种赶刻”之说。

古人命名“小满”时，更多的是表达一种收获在即的喜悦。这一时节，广阔的大地上，麦穗正在由青转黄，用不了多少时间，金色的麦浪将在阳光下闪闪发光。

如果把麦穗的生长情况放在人生的成长阶段中来看，这个时候就相当于人快长大了，但还未成年，处在一个自以为长大，但其实尚未成熟的阶段，有点类似于青春期。

青春期的孩子，对自我的认识是不全面的。他们认为自己已经完全长大，凡事可以自己做主，渴望独立。但是等到事情并不如自己所愿，甚至还呈现糟糕的态势时，他们没办法也没有能力收场。不能为自己的行为负责是青春期孩子比较明显的表现。

根据埃里克森的人格发展理论，青春期（12~18 岁）孩子的主要任务是获得自我同一性。自我同一性即个体对“我是谁”“我将走向何方”等与自我有关问题的回答，是一种确定的感受 。埃里克森认为，青春期孩子一方面由于本能冲动的高涨会带来新的问题，另一方面由于要面临或解决新的问题而产生困扰和迷茫。因此，这一时期，他们的主要任务是探索自我，建立自我同一性。

如果探索未完成或并未探索，就容易引发同一性混乱。同一性混乱容易引发青春期孩子对现实的不满，甚至导致违法犯罪行为的发生。青春期时由于孩子的生理、情感和行为特点明显异于其他年龄阶段，因此也是最容易出现人格问题的阶段。针对这一阶段孩子的家庭教育，需要让他体验到被尊重、被认可、被重视的感觉，为其自我同一性的确定创建健康和谐的成长环境。

我在和处于青春期的女儿进行互动时，发现她在对一些事物的认识上像个成年人，但在经历困难和挫折时，她的心理承受能力又像个小孩子，非常脆弱。于是，凡是涉及理性认知方面的问题，我就和女儿平等地探讨；如果涉及情感问题，我就回归大人的身份去爱护她、教导她。这就涉及分层教养。

由于青春期孩子的认知、情感和行为并不协调，他们的认知正处于高速发展的时期，情感却比较脆弱、敏感，也常常伴有冲动行为。因此，就需要对他们进行分层教养。分层教养，就是基于青春期孩子认知、情感和行为的发展特点，对其采用不同的教养态度和方法。[①]

在认知层面，家长把孩子当作超越其年龄段的人或成人，

① 韦志中：《青春期孩子需要分层教养》，《中小学心理健康教育》，2022年，第7期。

在部分问题上与孩子平等对话。比如家里要买一套新家具，父母可以和孩子商量一下要买什么样的，还可以带着孩子一起去家具城逛逛，甚至让孩子去谈价格，都是可以的，这个时候你不要把他当孩子。

再比如择校和选专业的问题上，也可以让孩子主导，家长给孩子当参谋，提供信息和建议；家庭旅游计划或财务计划也可以和孩子商议敲定。家长在一定范围内把孩子当作成人看待，并非是说孩子有绝对成人水平的认知能力，而是家长以平等的态度尊重孩子的决策权和言论自由。

在情感层面，父母要把孩子当小孩呵护，孩子的情感脆弱且情绪不稳定，在人际交往中他们的内心极易受挫，父母需及时安抚。比如家长应在孩子某次或某段时间里，因怕黑而要求与家长同睡时，满足孩子对内心安全感的需求。

在行为层面，以孩子为主导，给孩子足够的自由，家长适时提供必要的协助。当然，在保障安全的前提下，家长可以尽量让孩子独立解决问题。比如独自整理房间，包括玩具收纳、衣物归类、书籍摆放、地面清扫、卫生间清洗等一系列工作，当孩子找不到好的解决方式时，家长可以适时提醒而不代办。

在亲子教育中，最忌讳把孩子完全当成大人，一直让他独立面对问题。比如孩子新到一个学校里面不适应，跟同学相处得也不是很好，希望父母能帮忙解决一下。结果父母说你已经长大了，要勇敢一点，自己想办法解决问题。可怜的孩子只能自己一个人躲在被窝里偷偷地哭。

适应问题，很多成年人也会遇到。面对未知的环境，我们也会恐惧，也会不适应，有些人甚至还会患上抑郁症。小孩子怎么可能不会呢？他们一样需要支持和帮助，可父母却忽略了。

所以在分层教育中，父母对孩子应该有这样的定位：思维是成人，行为是半成人，情感需要是未成年人。也就是说，父母要相信孩子能像成年人一样去思考问题；但在做事的时候，家长要陪伴在孩子左右，给孩子提供帮助和指导。家长要仔细辨别孩子的状态，选择最合适的应对方式。

小满与成长

每个人都向往圆满的人生。吃喝不愁、工作稳定、家庭和谐——在我看来，这都是小满的标准。真正圆满的人生应该是这样的：“当你回首往事的时候，你不会因虚度年华而悔恨，也不会因碌碌无为而羞愧。”人生没有辜负，没有悔意，这就是圆满的。

苏格拉底曾说：“认识自己，方能认识人生。”我们要想过好这一生，就需要认清自己，进而不断地实现自我成长。

2014 年国庆期间，我带领第三届广州大学心理技术应用研究生班的成员到甘肃伏羲庙游学，碰到当地农人在路边售卖自己种植的小葫芦。葫芦是刚摘下来的青葫芦，因看着好看，我和几位同学都购买了一个带回去。当时一位老者告诉我，回去之后要把葫芦的外衣去除，这样葫芦就可以自然风干，要不然就会坏掉。我听后告诉身边的同学，有同学又找机会回去询问卖葫芦的人，得到的答案是不用去皮，一样可以自然风干成为好葫芦。

我回到广州的家中后也不确定要如何做。几日之后，我发现葫芦的颜色不对了，马上采取之前老人的建议，把外皮去掉。果然没几日葫芦就自然风干了。这时候我在群里看到其他同学把发霉的葫芦照片发到群里，叹道："可惜可惜！"由于我是发现葫芦的颜色不对才去的皮，耽误了一些时间，葫芦上有个地方裂开了一个小孔，但相比其他人的坏葫芦，我这个算是极好的了。这其实告诉了我们一个关于心理成长的法则。

葫芦在生长的时候，需要保持自己的水分和营养不流失，所以外衣这时候是起保护作用的。当葫芦被人从葫芦秧子上摘下以后，葫芦就进入了第二个生命阶段。如果说第一个阶段是生长为主，那么第二个阶段就是以发展为主。在第二个阶段中，葫芦的外衣已经不能因为其保护水分的作用而继续存在了，要是继续存在的话，就有可能产生坏的作用，因此要用发展的思路去对待。这就好像一个人，在心理发育和成长的过程中，需要父母的呵护。然而离开了父母之后，还是把以前父母给我们的"外衣"穿在身上，这时候可能就会妨碍自身的发展，还有可能会让自己像被摘下的葫芦一样“坏掉”。

按照这个“葫芦道理”，我们就不难看出，一些需要心理成长的人，或者一些一直走在心理成长道路上的人不进步或者进步比较慢的原因了。他们虽然高声喊着要学习心理学让自己获得成长，实际上一直不愿意把身上的“外衣”除去，时间长了，不仅自己没有获得成长和发展，还可能停滞不前，甚至倒退。

从小满走向大满，再走向圆满，我们要敢于舍弃路径依赖。之前我们通过勤学苦练，会取得一些成就；但接下来的发展，只靠勤学苦练是远远不够的，还需要精益求精，提高思想站位，扩大战略眼光。以我个人来说，我做心理学科普，前期已经讲了很多课，出版了很多书，也用心理学帮助了很多人。但是到了一定阶段后，我就要创作科普性更强的作品，要追求质量和实用。

再回到之前的故事想一想，为什么同样是保护葫芦，却有两种截然相反的答案呢？经过我的了解，我发现那种不需要去皮的建议也是对的，但建议者并没有告诉我们其背后的条件和原理。如果我们身处西北地区，恰逢秋高气爽的时节，相对湿度很小，把葫芦放在通风的地方，那么葫芦即使不去皮也可以得到很好的保存。而我们这些研究生班的同学大多来自南方，即便是在秋季，空气湿度也是很大的，他们又没有把葫芦放在通风处，甚至还把葫芦“保护”了起来，干燥条件达不到，葫芦当然就坏掉了。

多么浅显又深刻的道理啊！一个人在做自我完善和心灵成长等超越自我的事情时，可以不对自己下手，不去脱掉自己的“外衣”，但前提是你要在一个“通风”“透气”“温暖”“干燥”的环境中。也就是说，如果你身边的人都是充满正能量的，都是爱护你的，你所做的事情、所接触的外部条件都是有利于你成长的。那么，即使你不除去自己的“外衣”，你也可以不断获得自我成长。

要想突破自我，如果没有良好的环境，就不要再“矫情”了，还是早早地把“保护”自己的“外衣”脱掉，尽量踏上真正的成长之旅。如果你有好的外部条件，当然要祝贺你，但你也要慎重，认清这个环境到底是不是对你有利的，千万不要走上自欺欺人的道路。

小满与谦虚

“小满不满，麦有一险。”小满的时候，麦子会遭遇干热风。干热风的干燥和高温，会使小麦叶子向籽粒输送养分的速度变慢，而籽粒本身的水分又会消耗过快，从而造成小麦籽粒出现干瘪的现象，严重影响小麦产量。这个时候尤其要加强麦田灌溉和喷施叶肥。

那这和事业有什么关系呢？我看到社会中有很多人，处于小满这个阶段后就不再奋斗了。有些人通过努力拼搏，取得了阶段性的成功，看起来像小满时节麦田里的麦穗一样饱满，他们就自以为功成名就，不想继续奋斗，想享受接下来的安逸生活；还有些人就开始盲目投资，觉得自己技高一筹、高人一等，这也看不上，那也瞧不起。过了几年之后，这些人的事业一落千丈、外债累累，甚至不得不宣告破产。

只是因为他们对自己产生了错误的判断。在事业顺利时，他们认为自己已经成功，不用苦苦奋斗了，开始松懈下来、放纵享乐，被名利迷失了双眼。最后一败涂地，甚至沦为阶下囚，何其悲哉！《道德经》有云：“（大道）衣养万物而不为主，常无欲，可名于小；万物归焉而不为主，可名为大。”意思是说，（大道）不主宰万物，只是默默地养护万物，可称它为“小”；它不主导万物，万物却都回归于它，可称它为“大”。那些始终不自认为成功的人，一直默默奋斗，反而能功成名就。你把自己放得越低，反而越利于事业的发展。

小满时节，麦穗接近饱满，但仍要经受干热风的侵害，这就是小麦生长的“天道”。做事业要有居安思危的意识，要懂得“满招损，谦受益”的道理，这是事业成功的“天道”。有一点小成就沾沾自喜、目中无人，是做事业的大忌，从小满演变为自大和自满，更是人生的悲剧。

卢梭曾说：“伟大的人是绝不会滥用他们的优点的，他们看出他们超过别人的地方，并且意识到这一点，然而绝不会因此就不谦虚。他们的过人之处越多，他们越认识到他们的不足。”

爱因斯坦的头脑是人类最聪明和最伟大的头脑之一，他在世时就已经是一位声誉显赫的物理学家，深受人们的敬仰。但他并没有被荣誉冲昏头脑，始终保持着谦逊的品质。他对别人把他当成偶像感到无法理解，对报刊上的宣传和赞扬十分厌烦，那些记者、画师、雕塑师来找他拍照、画像、塑像，更使他难以忍受，他说他简直成了这些行业的模特了。

爱因斯坦从不认为自己是一个超人。他觉得自己所走的道路是前人走过的道路的延伸，科学的新时代是在前人知识的基础上开辟的，因此他总是抱着敬仰和感激的心情赞赏前人的贡献。他知道，在科学的道路上有许许多多的人在共同奋斗，各人有各人的工作，各人有各人的贡献，因此他对同行的工作非常尊重，就是对自己的下属和学生，他也没有任何傲慢的表现。

凡是和他接触过的人，无不为他的和蔼可亲和平等待人而感动。他还总结了这样一个人生成功公式：A=X+Y+Z。其中A代表成功，X代表艰苦的劳动，Y代表正确的方法，Z代表少说空话。他认为自己不是什么天才，只是一个对真理忠实而勤勉的追求者。

一个人很难一辈子顺风顺水、事业长青，笑到最后的人是很难得的，他们除了要应对外界的变化，如阶层变化、收入起伏、职位升降、亲友离别等变化之外，最可贵的是要保持一颗谦卑的心，要不以物喜，不以己悲，坚守住自己的初心。

事业成功的必备条件之一就是谦虚，无论在什么时候，永远不要以为自己已经知道了一切。因为一骄傲，你就容易固执己见，就会拒绝别人的忠告和朋友的帮助，就会丧失客观标准。

在小满的时候，我呼吁大家，好好反省一下自己，是不是事业处于不满或者自满的状态？是不是缺乏谦卑的心态？如果你中招了，还请调整和改善。

芒种

平衡能力

咏廿四气诗·芒种五月节

［唐］元稹

芒种看今日，螗螂应节生。
彤云高下影，䳏鸟往来声。
渌沼莲花放，炎风暑雨情。
相逢问蚕麦，幸得称人情。

芒种，是二十四节气中的第九个节气，夏季的第三个节气。时间大概在每年公历的六月五日至六月七日，此时太阳达到黄经 75° 的位置。

《月令七十二候集解》曾这样解释：“芒种，五月节，谓有芒之种谷可稼种矣。”意思是说，芒种包含两层含义：“芒”表示麦类等有芒的作物开始收获；“种”表示北方的谷、黍等作物开始播种，南方的水稻开始插秧。这个节气的关键在于既要收，又要种，非常考验人们的平衡能力。

忙的能力

农业生产讲究“适时播种”，就是说要把庄稼在最能实现高产的时段种下。对于我国大多数地区而言，芒种是一年中最为繁忙的节令。谚语“芒种芒种，连收带种”“麦黄农忙，绣女出房”“芒种前后麦上场，男女老少昼夜忙”等，也都在告诉我们芒种时节的繁忙。此时夏熟作物要收获，夏播作物要播种，而春种的庄稼要管理，收、种、管交叉起来，真的是到了最紧张的季节。

“忙”大概是这个社会每个人的标配了，不管是谁都会说“我很忙，我现在很忙”。会忙的人总是忙得头头是道、有条不紊、井然有序、收获多多；不会忙的人“东一榔头西一棒子”，看似更忙碌，却收获不多。在我看来，忙是一种能力，这种能力包含乐意拼搏付出、善于总结反思、强于管理与规划等方面。

拼搏付出，对应农忙的“种”。这个世界上没有不劳而获的成功，要想一生过得顺遂，除了努力，别无捷径。只有拼搏付出，你才能得到想要的东西，才能过上自己想要的生活。我们每天都是在忙碌中度过的：洗衣做饭；八个小时的工作，甚至更长；给孩子辅导功课，给父母汇报近况，跟朋友联络感情……虽然所做的事情难易程度不同，所需要的能力水平也不尽相同，但最终目标有着一致性，都期望通过努力与付出得到认可与尊重，从而获得人生的价值与生命的意义。

总结反思，对应农忙的“收”。我们终其一生，都在追寻，都想要活出那个最想成为的自己。为此，我们努力拼搏，不顾劳苦。但只有努力是远远不够的，我们还需要思考。每个人都会犯错，都会遇到麻烦，甚至导致“颗粒无收”的情况，重要的是我们该如何面对自己的失败。雨果曾说：“被人揭下面具是一种失败，自己揭下面具则是一种胜利。”总结反思，正是为了让我们积累经验，拉近与最终理想的距离。如果只是埋头苦干，没有任何思考和反省，只当工作是谋生的手段，那你的人生价值就无法放大，也无法从工作中获得乐趣和意义。如果你只是负责照顾孩子的日常起居，没有和孩子静心沟通，不了解孩子内心所想，那你和孩子的关系就无法变得更亲密。“种”是一种责任，“收”则是一种智慧。很多人知道如何“种”，但却不知道如何“收”，一遇到要“收”，就会手忙脚乱、焦虑不安，这是急需改变的事情。

管理与规划，对应农忙的“管”。如何让种下的种子有所收获，就要考虑到“管”。正如农作物需要施肥和浇灌一样，我们在工作中所接的任务也要及时跟进和调整。管理涉及时间管理、任务分配、长期规划等。没有时间管理，就无法做到做事情井然有序；没有任务分配，事情来了就一拥而上，往往会导致焦虑与恐慌；没有长期规划，不清楚自己究竟想要的是什么，你就无法体会到追梦的快乐。越是忙碌，思路就要更有条理；越是繁杂，步骤就更要清晰。忙碌不是身心的消耗，应该是人生的充实。一个人的能力和精力毕竟是有限的，高手一个人顶俩，高高手一个人顶仨，却也不能同时干几十个人的工作。这就需要我们根据事情的轻重缓急来逐步安排去做。“轻重缓急”，表面上是做事的先后顺序，实际上关系到时间分配与管理，体现出你处理突发、并发事件的能力，也就是“管”的能力。

忙的能力，需要我们有的放矢地生活和工作，不会为工作的繁杂乱了阵脚，也不会为生活的琐碎失了分寸。在需要的时候，可以让自己连轴转；在轻松的时候，既可以享受当下，也不会放下管理和总结。虽然在外人看来，你会很累很苦，但你能够自如控制自己的节奏，不会失了平衡，这才是真正拥有了忙的能力。

选择的能力

当我们处在夏收夏种的大忙季节时，天公有时会不作美，连日的阴雨往往会造成小麦直接在穗上发芽，烂在地里。遇到大旱天气，又会使复播的秋苗直接旱死，造成绝收。在农耕时期，人们靠天吃饭，往往只能祈求上苍，所以官方和民间会有一个祈雨和祈晴的活动。

面对天降大灾，人们无力改变，只能寄希望于上天。现在随着技术的发展，我们会采用人工降雨、排洪泄涝等方式应对异常天气。

选择机会变多，意味着我们拥有了主动权和掌控权。但你珍不珍惜你的选择，愿不愿意谨慎选择，则是另外一回事了。现实中，面临选择时，顺从、盲目、犹豫不决一直在交替上演，从未间断。有些人连自己想要什么都不知道，更别说明白生活的意义了。至于为何现在会如此窘迫和疲惫，他们只能感叹命运的不公——“老板不重视我”“父母没钱没势”“怀才不遇，生不逢时”。追根溯源，可能他现在的生活不是他选择的，也不是他自己想要的，他一直在被时间洪流裹挟着前进。当然这里面有受父母影响的原因，但更大的责任还是在自己身上。

工作容易让人劳累，体会不到乐趣，但我们一天大多数时间都是在工作，如果你无法调整自己的心态，那一生中有一半时间你都只能在痛苦中煎熬。现在有不少人抱怨工作单位，想跳槽，又担心自己没能力没人脉关系，舍不得丢掉现在这份安稳的工作。生活无滋无味，工作得过且过，每天盼着下班，每月盼着发工资，年复一年，等着退休。你的痛苦是由你自己造成的，正是由于你的逃避、你的放纵、你的不作为，才造成了你如今的痛苦。

很多时候，人们害怕选择，是因为害怕自己承受不了后果，或者是能承受，却消极被动。如果我们的内心足够强大，那就无所畏惧了。我觉得孟子是选择能力最强的人，他的“鱼与熊掌”“生与义”的选择深深影响着无数人。他说，当两者不可兼得的时候，我会舍生而取义，我不会模棱两可，也不会脚踏两只船。

那我们该如何选择呢？在我看来，我们在知道了是非善恶之后，才能做出正确的选择。做人必须有一个良知的标尺，那就是正确的是非观。很多事情都离不开价值判断，都要讲究是非好坏。只有树立了正确的是非价值观，我们才能做出真、善、美的选择。就比如历朝历代的那些贪官污吏，他们就是缺乏是非之心，做了错误的选择，最终走向犯罪。当有人给他们送礼的时候，如果他们有是非之心，肯定会认识到无功不受禄，自己作为国家公仆，是不能接受这样的不义之财的，这是做人的一个原则。

人生中有很多岔路口，也有很多的选择。怎样才能选择到一条快乐而幸福的道路呢？其实没有一个统一的标准。但从孟子的思想中，我们可以领略到选择的意义，再结合我们日常的工作和生活，我相信，每个人心中都有一个价值倾向。

李宗盛有首歌叫《忙与盲》，从读音上解释，这反映了现在都市人的两个状态，一个是盲目，另一个是忙碌。忙碌的“忙”是心忙，就是人的精神意识过分消耗，已经出现了对工作和生活的倦怠；盲目的“盲”是眼盲，是没有方向意识，只是随波逐流，大多时候并不知道自己想要什么。我们要避免忙和盲，就要思考一下得与失，规划好自己的前进方向，有目的性地进行选择。

安心的仪式

面对忙碌和选择，有些人会焦虑不安，除了不想忙碌和不会选择外，更重要的一个原因就是心态问题。古希腊哲学家爱比克泰德说过：“对于不可控的事情，我们要保持乐观；对于可控的事情，我们要保持谨慎。”而现实往往是相反的，对于不可控的事情，我们会谨慎惶恐；对于可控的事情，我们反而轻松自信。但人生中的很多事情，我们是控制不了的，所以谨慎和惶恐也如影子般伴随着我们。

芒种节气有一个很特别的农事习俗，叫安苗。安苗的习俗流行于安徽绩溪、歙县一带，据说最早起源于南宋时期。安苗，顾名思义就是祈盼禾苗平安、五谷丰登，这是一个祈求丰收的节日。

在绩溪当地，流传着一首据说非常古老的民谚：“芒种端午前，点火夜种田；种田种得苦，图过安苗福。”表达了当地百姓对丰收的祈愿。现在安苗节已成为安徽省非物质文化遗产。

安苗节祭祀用的各种食物，都是当地村民手工制作的各类面点，其中以“安苗包”最具代表性。安苗包是村民制作的一种类似水饺面点的食物的统称，按照馅料的不同，可以分为肉包、水晶包、豆腐包、豆沙包等。安苗包的褶子很有讲究，一般是八个或十二个，据当地村民说这有不同的寓意：“八”与“发”谐音，八个褶子有祈祷发财的意思；十二个褶子则代表十二个月，一般家里丈夫外出打工，妻子在家中就会包这种安苗包，祈祷丈夫全年在外平安顺遂、早日归来。安苗包除了作为祭祀的祭品之外，还会当作村民相互赠送之礼，表达对彼此来年丰收好运的祝福。

由安苗延伸到心理建设，我们是否也需要一个安心的仪式，来平复焦躁的内心呢？心田要用心血来浇灌，芒种需要我们既种又收，劳心劳力，确实需要安一下心。心若没有归属，在哪里都是流浪。我们也可以仿照安苗节的习俗，做一个“安心贴”，祈求自我心理和谐。

安心贴，实际上是一种心理管理方式，内容可以涉及情绪、意志、欲望、压力等多个方面。只要你觉得是阻碍你内心平和的内容，都可以写下来。你可以写“希望能控制自己的脾气，不要再随便对孩子发火”“希望能处理好和同事的关系”“希望自己能获得更大的晋升空间”……写出想法之后，接下来就朝着这些方向去规划行动，去一步步努力，反思以前做得不好的地方，多加改正。

请注意，安心贴的意义只是帮你理清内心所想，真正让心灵获得安宁的还是要靠实实在在的行动。有了安心贴的引导，再加上我们自己的努力，事情就会有条有理，我们也不会再惧怕忙碌，也不会再逃避选择，这才是一个良性的循环。

夏至

重在养心

竹枝词

[唐] 刘禹锡

杨柳青青江水平，闻郎岸上踏歌声。

东边日出西边雨，道是无晴却有晴。

夏至是二十四节气中的第十个节气，夏季的第四个节气。时间大概在每年公历六月二十一日或二十二日，太阳到达黄经 90° 时。

这个节气早在春秋时代就已经确定。夏至是气候学意义上真正炎热夏季的来临，晋南就有“不过夏至不热，不过冬至不冷”的说法。当然炎热来临并不代表此时是一年当中最热的时候，真正的暑热天气是靠后一段时间的小暑和大暑。

同时，夏属火，对应五脏之心，因此夏至时重在养心，此时心理建设就显得非常重要。

适可而止

古人认为，所谓夏至，“至有三义，一以明阳气之至极，二以助阴气之始至，三以见日行之北至，故谓之至。”意思是说，夏至阳气将衰，阴气开始萌动，阳光的直射达到最北。天文学上认为，夏至是北半球夏季的开始，夏至过后，北半球白昼将会越来越短；古人则认为这是阴气初动，所以称“夏至一阴生”。

“夏至三候”也明显反映了“一阴生”。《月令七十二候集解》曰：“初候，鹿角解；二候，蝉始鸣；三候，半夏生。”正因为夏至日阴气生而阳气始衰，阳性的鹿角便开始脱落，雄蝉因感阴气之生便鼓翼而鸣，而喜阴的半夏则开始生长。

正因为“夏至一阴生”，所以夏至养生时，一方面要保护阳气，不要让阳气过旺而引发上火；一方面也要滋阴调息，养护气血，不要因贪凉而被虚邪贼风乘虚而入，造成感冒、肩周炎或者面瘫等疾病。

从阴阳学的角度来说，阳气在夏至这天强盛到极点，盛极必衰，阴阳转换，阴气也从这一天开始生长。这就告诫我们：当事物的发展到了极致的时候，往往会出现反转，所以，我们要学会适可而止。

从立春开始，阳刚之气就一直往前冲，冲到夏至到了最顶峰，此时需要转攻为守。可能有人会有疑惑：在立夏的时候，要养浩然正气，放开膀子使劲干，怎么到了夏至，反而要收住了呢？这就是与时间同行的智慧。因为夏至阳气最盛，用力过猛反而不利于接下来的发展。越是最猛的时候，越是要清醒，越是要谨慎。

心理学上有个名词叫作“超限效应”，意思就是当给一个对象过多、过于重复的刺激时，就会造成其不适甚至是逆反心理。美国著名作家马克·吐温有一次在教堂中听牧师做演讲。最初，他觉得牧师讲得很好，使人感动，准备捐款。过了十分钟，牧师还没有讲完，他有些不耐烦了，决定只捐一些零钱。又过了十分钟，牧师还没有讲完，于是他决定，一分钱也不捐了。等到牧师终于结束了冗长的演讲，开始募捐时，马克·吐温由于气愤，不仅未捐钱，还从盘子里拿走了两元钱。

适可而止既是一种心态，也是一种智慧。我们在待人接物时，也要注意把握好分寸。凡事都有一个度，超过那个度就会走向它的反面。人也是这样。太过理性容易显得古板，太过感性容易变得懦弱；太过热情容易失态，太过冷淡容易冷漠。不要太满，张弛有度，才能让生活更美好、轻松，让别人和自己都处于最舒服的状态中。

在工作中，我们也要注意适可而止。塞万提斯曾说：“弓弦不能老绷紧了不放，人都有软弱的一面，没一点儿适当的松散，是支持不住的。”现今社会生活节奏逐渐加快，工作压力也日益增加，年轻人需要拼命奔跑，但是在奔跑的同时，由于避免不了由“内卷”而产生的压力和焦虑，常常觉得被压得喘不过气来。

“内卷”指的是：同行间竞相付出更多努力以争夺有限资源，从而导致个体“收益努力比”下降的现象。长此以往，慢慢就会变成一个内耗的过程。

身处这个社会，我们很难不被同化。大家都向前冲，你如果不行动，免不了被“好心人”催促提醒。但凡事都有个度，你在奋力拼搏的时候，别忘了照顾一下自己的心，适当地松散，适当地示弱，给自己紧绷的弦适当松松劲儿，这样才能更平稳地走好以后的路。我们常说的善待自己、不要自虐就是这个意思。

自虐型人格

夏至重在养心，当我们的心处于崩溃时刻，就会引发自虐行为，从不知疲倦地工作，到病态的身体自残行为，都属于自虐行为，甚至发展到最后，出现轻生行为。

在我看来，自虐是由自责和内疚演变而来的。我们时常会有内疚的情感体验，这种情绪得不到抒发，得不到有效的处理，会积累下来，进而演变成一种“我不够好”的认知，这就上升到了自责阶段。

自责不但包含内疚的情感体验，还含有固化认知，个体已经给自己定性了。这种认知如果不能够消除，就会慢慢演变成一种行为，行为一旦固化，就变成了一种行为模式，产生一种人格模型，就是所谓的自虐型人格。而自虐型人格，是持久的、恒定的，并且伴有自虐行为。

自虐表现为三种形式。其一是自残，认为我不够好，我应该惩罚自己。如认为我要不知疲倦地工作，那样老板才会赏识我。这种病态的行为是想让自己的心理达到一种平衡。

其二是潜意识挑衅对方，以激起对方按他们所期待的方式来对自己施虐，继而通过“受害者”形象来取得道德上的胜利。这看似很荒谬，其实是有线索可寻的。这类人早期可能有被虐待的经历，所以在人际关系中，会形成这样的假设：对方一定会虐待我。如果对方没有虐待他，他反而会感到焦虑不安。为了停止这种焦虑，他就会有意无意地主动挑衅对方，让对方来伤害他，虽然这会让自己的身体受到伤害，但他至少在“受虐待”这件事情上获得了掌控感，也证实了自己的假设——对方一定会虐待我。需要强调的是，这里的对方不是关系疏远的一般人，而是自己的重要他人，如父母、爱人、孩子等。

其三是搞破坏。这种自虐形式相比前两种更加隐秘。如果第一种是直接自残，没有任何伪装；第二种开始伪装自己，看起来是挑衅他人，实则指向自己；第三种的破坏性则更大。由于内心的不安减少，他们开始疯狂试探别人，逼迫他人，致使他人对自己表现出不满及伤害。这个情形在两性关系中也比较常见。

心理学中有个专有名词叫被动攻击型人格。这是一种以被动方式表现其强烈攻击倾向的人格障碍。患者性格固执，内心充满愤怒和不满，但又不直接将负面情绪表现出来，而是表面服从，暗地里敷衍、拖延、不予以合作，常私下抱怨，却又非常依赖权威。在强烈的表面依从和内心敌对的冲突中，患者的心理自然难以取得平衡。被动攻击型人格障碍其实就是自虐型人格。

自虐型人格的人，他们的骨子里深深藏着“我不配”的偏见，觉得自己不够好，不够出众，不配拥有好的生活。要想改变这种偏见，需要寻找到自己身上的闪光点，以此来驳斥对自己的不合理认知。因此，我们可以在夏至这个节气中，进行这样的行动：找出自己拥有的七个优势。如果你实在找不出来，可以请他人帮忙。当然只要你真的具备，优势的数量也可以超过七个。然后向他人表现自己的优势，让他人也意识到你的好。

疗愈心理创伤

按照精神分析的观点，我们在通过母亲的产道出生时，头部受到了挤压，就形成了创伤，这是每个人的原始创伤。随着

年龄的增长，我们都会经历大大小小的创伤，每个人都无法避免。在一年二十四个节气中，哪个节气最合适疗愈心理创伤呢？在我看来就是夏至。

前面我们提到过，从心理养生角度来讲夏属火，对应五脏之心，夏至要着重养心。而现代医学研究也发现，人的心理、情绪与躯体可通过神经—内分泌—免疫系统互相联系、互相影响。此时人们不仅情绪波动起伏大，机体的免疫功能也较为低下，饮食稍有不妥，就会引发各种疾病。

夏至容易引发情绪病，内心深处的创伤体验可能会借助这个时机重新兴风作浪，进而引发生活中的冲突和争吵。要想心平气和，还是要从原因处着手。前面提到的有自虐倾向的人，大多也是遭遇过心理创伤的人。如何疗愈心理创伤，就成了夏至节气一个重要的心理建设课题。

无论是由于坎坷的童年经历还是天灾人祸，生活中有时会出现一些不可控的困难或意外，给我们的心灵造成难以自愈的长期伤害——这些内心的伤口被称为“心理创伤”。焦虑、郁闷、易怒，或者更深层的空虚感、恐惧感，以及在关系中的无力感，都可能来源于早年或成年后的心理创伤，并需要通过疗愈创伤本身来获得心理状况的改善和心理问题的解决。

治愈创伤的第一步应该是定位创伤，找出那个令你感到受伤的源头，越具体越好。这个源头可能会在幼年时期，也可能是成年时候外界的一些声音影响了你；它可能来源于家庭，也可能来源于社会。只有找到那个点，我们才能更好地切入。

治愈创伤的第二步是自我疗愈。心理创伤最好的治疗方法有两个：一是时间，因时间是治疗心理创伤最好的良药；二是提高自己的心理承受能力，获得良好的社会支持系统。写情绪日记、冥想、阅读相关的书籍都是不错的方法。

如果你有严重的心理创伤，如曾被袭击、受到死亡恐惧、遭遇性侵害等，就需要找心理咨询师来协助。相信专业的人，他们可以帮助你脱离内心的折磨。你也可以加入某些值得信赖的疗愈工作坊，与有相同经历的人一起进入疗愈之旅，有人同行便不会觉得那么孤单，也更有力量面对难题。

如果你觉得自己没有任何创伤问题，也没有痛苦的遭遇，那么很可能要么是你在自我欺骗，要么是你还未觉察或遇到，当然我也不希望你遇到。希望你在以后的人生路途中，能够直面创痛，笑对风雨。

小暑

祛湿缓郁

咏廿四气诗·小暑六月节

[唐]元稹

倏忽温风至，因循小暑来。
竹喧先觉雨，山暗已闻雷。
户牖深青霭，阶庭长绿苔。
鹰鹯新习学，蟋蟀莫相催。

小暑，是二十四节气中的第十一个节气，时间大概在每年公历的七月七日或八日，此时太阳到达黄经105°。

《月令七十二候集解》曰："暑，热也。就热之中分为大小，月初为小，月中为大，今则热气犹小也。"可见小暑是反映天气炎热程度的节气，小暑是小热，还不十分热。紧接着的大暑就是一年中最热的时节。民间有"大暑小暑，上蒸下煮"之说。小暑时节正式走进三伏[①]天，这个时期大地上已经不再

① 三伏：初伏、中伏和末伏的统称，是一年中最热的时段。它的日期是由节气日期和干支纪日日期相配合来决定的。一般来说，夏至后的第三个庚日为初伏之始，第四个庚日为中伏之始，立秋后第一个庚日为末伏之始。每个庚日之间相隔十天，即初伏、中伏、末伏，每种大概持续时间是十天。

有一丝凉风，所有的风中都带着热浪，全国大部分地区基本都符合此气候特点。

“心湿”与“文化”病

小暑是进入长夏[①]的第一个节气。长夏天气比较潮湿，人体易受湿邪的侵袭，致使舌苔黄厚，背上或胸口长痘，身体燥热，口干舌燥……这些都是湿热的典型表现。

民间还有“冬不坐石，夏不坐木”的说法。那是因为小暑过后，气温高、湿度大，久置于露天里的木料，如椅凳等，经过露打雨淋，水分较多，表面看上去是干的，可是经太阳一晒，温度升高，便会向外散发潮气，在上面坐久了，能诱发痔疮、风湿和关节炎等疾病。所以，小暑的时候，尽量不要长时间坐在露天放置的木料上。

身体有湿邪，会导致身体疾病；心理有“湿气”，也同样会导致心理疾病。这个湿气对应的是人内心中的不良情绪。如我们通常听到的抑郁症，都是长期的“心湿”造成的——内心里面的“潮气”“湿气”因不能得到及时的风干和晾晒，就封闭起来，久而久之，就会转换成抑郁和冷漠等消极情绪甚至造

① 长夏：夏季最后一个月份，即公历七月七日至八月六日。此时气候最为潮湿，乃因多阴雨而潮湿。

成心理障碍。

其实抑郁症也是一种“文化”病。文化看不见，也摸不着，是一种约定俗成的观念，像空气一样广泛影响着我们。例如军人在所有人的印象中，代表勇敢和忠诚；教师在所有人的印象中，代表奉献和乐学；心理学家在所有人的印象中，代表仁爱和智慧；农民在所有人的印象中，代表淳朴与勤劳……社会对每一个职业群体都有文化认同体系，而每一个群体的人都会按照社会文化认知进行“文化自觉”规范。

文化是如何“致病”的呢？当大家都认为一个人不应该做这样或那样的行为，而他却这样做了的时候，就会有一种无形的、集体的观念向这个人袭来，他若感受不到就会被孤立，若感受到了就会产生压力。如果他能自行调节压力，改变自己的行为，周围也会因此重新接纳他；反之，就会容易走向极端。

我们无时无刻不被文化影响，当面对世俗观念对自己的定位，而自己又做不到时，无力感就会袭来。压力不能被缓解，就会成为心理上的问题和困扰，甚至导致心理疾病。

抑郁症形成五部曲

小暑时节，人体容易受湿邪的侵蚀，心烦不安、疲倦乏力的现象明显增多，心理抑郁的趋势也有所上升，严重者会演变

为抑郁症。抑郁症不是感冒，它有一个长时间的酝酿过程。这个过程可以分为五个阶段：无力感—倦怠状态—习得性无助—抑郁情绪—抑郁症。

无力感即对现实的沮丧，其痛苦根源是主观上想要去突破现状，事实上却无能为力。如制定的目标没有达到，或者老板交代的工作没有完成，会使个体看不起自己，产生自我贬低的心理。遭遇亲人离世、家庭破碎、创业失败等，却无力改变，内心非常痛苦，这也是无力感的表现。无力感如果持续下去，就会进入第二个阶段，即倦怠状态。

倦怠指的是明知道自己有责任，却产生故意懈怠的情绪与行为失调。比较常见的倦怠是职业倦怠。职业倦怠包含三个维度，一是情绪耗竭，由于身心过度消耗，在工作中特别容易疲劳、没有活力；二是去人性化，对同事特意保持距离，比较冷漠、疏离，对工作敷衍应付；三是自我效能感降低，倾向于对自己做出消极的评价，伴随无力感。

如果一个人长期处于倦怠的状态中，而且这种倦怠感越来越强，压力越来越大，自己也不能改变，那么时间长了他就会产生习得性无助的感觉，这就进入了第三个发展阶段。关于“习得性无助”，美国积极心理学家马丁·塞利格曼曾做过实验：把狗关在一个笼子里，当蜂音器响的时候，就给狗进行痛苦的电击。因为笼门是关闭的，狗无处可逃，只能痛苦地待在笼子里。持续多次之后，即使蜂音器响的时候，把笼门打开，不给狗进行电击，狗也不会试图逃脱，而是痛苦地躺在地上呻吟。正是由于重复的失败或惩罚，狗已经没有逃离的愿望，即便有机会逃脱，它也不会有所行动。

在对人类的实验中，心理学家也得到了类似的结果。正如实验中那条绝望的狗一样,如果一个人总是在一项工作中失败，他就会在这项工作上放弃努力，甚至还会对自身产生深深的怀疑，觉得自己“这也不行、那也不行”。他已经习得了一种认知逻辑：无论我怎么努力，都不能改变眼前的现实。“无助感”和“无力感”最大的区别是：前者已经丧失了寻求突破的愿望，心已经死了，而后者还抱有突破的强烈渴望。

如果个体的习得性无助未能得到改变，就会演变为抑郁情绪。习得性无助是导致抑郁症的主要原因之一。尤其是对于内心脆弱、抗挫力低的人来说，一旦遇到挫折，他们就容易产生无力感、无助感，直到深陷抑郁情绪之中。每个人都有可能在生活的某个阶段产生抑郁情绪，如考试失败、和朋友吵架等，但这类抑郁情绪通过一段时间的自我调整，可以恢复正常。

如果抑郁的心境已经持续两周以上，且开始怀疑自我的价值，同时产生其他消极的情绪，如悲观、厌世、意志活动减退等，影响到正常的学习、生活、工作，紧接着又出现兴趣下降、体力不足、精力下降，甚至产生自杀观念、食欲和睡眠改变、功能损害等症状时，则要考虑已演变为抑郁症了。

生活中不乏这样的真实案例。你会发现，可能几年前你的朋友还对生活充满了向往，现在却陷进生活的琐碎里或婚姻的困境中，向你寻求如何才能走出当前的困境或不健康的婚姻。当你向他提供了一些建议，只要他行动就可以走出生活的泥潭时，他又总是拒绝，自怨自艾，觉得“生活就是这样糟糕的，无论我再怎么努力也是徒劳”，那么，他俨然已经成为一个“习得性无助”者，离抑郁症也仅一步之遥。处于抑郁状态的人，如果不寻求调节改变，很容易患上抑郁症。

从无力感、倦怠再到习得性无助，这是一个根本性的变化。先是你感觉无法掌握外部生活，产生倦怠感，这种懈怠感就是心理上的“湿邪”；接着你会产生一种固定的认知：无论我怎么努力，都不能够掌控自己的生活。当一个人一直这样，到了情绪最低落的时候，他就可能产生放弃生命的想法……当这种想法频繁出现，以至于已经影响了身体健康和工作生活，那这就不仅仅是抑郁情绪，而是到了抑郁初期，甚至是重度抑郁症了。

缓解抑郁情绪的方法

小暑到大暑的这段时间，是一年中身体最容易排出垃圾、“毒素”的时候。此时体内阳气达到高峰，体表毛孔大开，相当于打开了一个天然的排毒通道。这时候，在太阳下一站，或者稍微一活动，身体就很容易出汗，顺势就把平时窝在体内的“毒素”给排出去了。

因此，这时我们要注意自我养护、排出“毒素”。在自我养护和锻炼时，应按中医五脏主时的理论——夏季为心所主，而顾护心阳，平心静气，确保心脏机能的旺盛，以符合“春夏养阳”的原则。故小暑节气在进行抑郁“祛湿”的时候，也要遵从内心，主动行动，可以从以下四步入手。

第一步：允许自己不完美

有一种抑郁症被称为“微笑抑郁症”。患有“微笑抑郁症”的人，通常是为了维护自己在别人心目中的美好形象，刻意掩饰自己的情绪，强颜欢笑。他们表面上看起来和常人无异，总是一副若无其事的样子，见人就报以微笑，但这并不是他们的真实感受。实际上他们的内心深处感到了极大的痛苦、压抑、忧愁和悲哀，只是他们从不表现给他人看。当积存的压力无法承受时，他们的反应是巨大的，可能从一个极度自信的人变成一个非常自卑的人。

把自己套在“无私奉献”“善解人意”的套子里，这是很痛苦的，当然也是很偏执的。首要的解决方法是打破自己的绝对完美主义。这世上绝大多数人都是为了自己的生存和发展而拼搏的，想在别人心中树立良好的形象，这本身没有错，但人毕竟有七情六欲，没人能够保证自己每天都乐观开朗、元气满满。我们要允许自己休息，允许自己对一些事情无能为力，允许自己对他人有不太友善的态度，允许他人不喜欢自己。每个人都有自己的独特价值，虽然他人的看法经常影响着你，但最关键是自己怎么看待自己，你的人生由你自己做主。

第二步：敢于向一些人和事说不

思想通畅之后，接下来就要在行为上有所表现。不为难自己的一个典型表现，就是要敢于拒绝他人。心理学中有一个词，叫“拒绝敏感性”，即不会拒绝也不能自如地提出要求，又怕被别人拒绝的心理状态。拥有拒绝敏感性状态的人，其人际关系看起来挺好，在别人那里囊括了老好人、滥好人、好脾气 、温柔、 “包子”等一系列称谓。这种人总是热心助人，口碑好，别人也总喜欢“麻烦”他，而他也不会拒绝，可他内心的苦水只能自己吞。这是典型的“死要面子活受罪”的社交焦虑。

拒绝敏感者对信息非常敏感。他人毫无意识的表情和举动，拒绝敏感者都会认为对方是在拒绝自己，这在他人看来似乎是莫名其妙的。他们很容易察觉来自亲近之人的冷漠（往往从蛛丝马迹中推断，或凭空想象出来），而且将种种迹象解释为：对方故意拒绝自己。这种潜意识害怕被拒的感觉有可能和童年经常遭受父母的拒绝，或者与以往的消极经历有关。

对于让自己不悦的人和事，要果断地说“不”，当然这需要极大的勇气。我们只有坚定自己的立场，才能有所选择。就像唐僧一样，他明白自己想要的是什么，所以他才敢于拒绝寇员外一家的厚礼。这放在所有人身上，都是适用的。立场就相当于方向，方向明确了，自然心里就会有杆秤。哪些该做，哪些不该做，也就很明了了。

第三步：多和阳光的人交往

正如打哈欠一样，情绪也是可以传染的。抑郁的人长期被消极情绪笼罩，积极情绪便会少之又少，甚至没有。只有多接触具有积极情绪的人，他们才不会深陷消极情绪之中。长期生活在黑暗中的人，其实更渴望光明。阳光的人正是消极之人的救星。

积极情绪是有撤销功能的。有学者研究发现，积极情绪可以撤销和恢复消极情绪导致的各种心血管活动的激活状态，使其恢复到正常的基线水平。也就是说，消极情绪带来的焦虑、抑郁、悲伤、痛苦，可以由积极情绪来平复。积极情绪对缓解消极情绪是非常有效的。同时，积极情绪还可以让个体的身体更加健康、人际关系更加和谐、思想更加开阔、工作创新能力更强。

第四步：多做一些体现自我价值的事

抑郁症是由无力感演变而来的，要想从根上治疗抑郁症，就要调整个体的无力感。与无力感相对应的就是价值感，让个体体验到自我价值，用“有用”来对抗“无用”，这从理论和实践两方面，都被证实是很有效的。这就需要被抑郁症困扰的个体，多做一些体现自我价值的事。如在生活中帮助弱势群体，从事志愿者服务等；在工作上多做一些难度不是很大的事情，尽可能多地获得成功体验。

大暑

怒火攻心

大暑

［宋］曾几

赤日几时过，清风无处寻。
经书聊枕籍，瓜李漫浮沉。
兰若静复静，茅茨深又深。
炎蒸乃如许，那更惜分阴。

大暑，是夏季的最后一个节气，也是二十四节气中的第十二个节气。每年公历七月二十三日前后进入大暑节气。

《月令七十二候集解》曰："大暑，六月中，解见小暑。"大暑节气正值"三伏"中的"中伏"，是我国一年中日照最多、气温最高的时期。此时，全国大部分地区干旱少雨，许多地区的气温达 35℃以上，炎热至极。长江沿岸的"三大火炉"——南京、武汉和重庆，在大暑前后也是"炉火"最旺的时候。大暑时节的高温酷热，更易让人大动肝火，还会让人出现莫名的心烦意乱、无精打采、食欲不振等问题。

大暑与发怒

不良的情绪不断累积，在每年大暑这样高热的阶段，就表现为躁狂情绪的高涨。

躁狂症是躁狂抑郁症的一种发作形式，以情感高涨、思维奔逸，以及言语动作增多为典型症状。症状表现为异乎寻常的心情高兴、兴高采烈、活动增多；或稍不如意就大发脾气，在严重的易激惹情况下可能出现冲动行为；或有联想迅速、语速增快、思维进程增快，易受环境影响离开原来的主题，而转移到新接触的事物上去的症状。

易激惹是躁狂症的主要临床表现形式。从精神分析角度讲，怒气的形成很多时候是由于潜意识的压抑，愤怒在当年未被正常释放出来，就压抑在内心深处。这种原始的愤怒源，大抵来自重要抚养人，此后任何同性质的引诱源都可以引发这种愤怒。也就是说，人们发怒，并不仅仅是在于事件本身，更多的是诱发了内心深处的愤怒源。这个愤怒源平时不被注意，但一旦被诱发，就会爆发出强烈的情绪能量，往往让人大吃一惊，甚至有时候当事人自己都很惊讶。

如平时温文尔雅的一个人，对待每个人都很友善，大家对他的印象都很好，一旦不了解他的人指责他“虚荣”，他就会立马跳起来。究其原因，是在他很小的时候，他的妈妈因为追求富贵生活而离开了他和他爸爸，周围的人都给他妈妈贴了个“爱慕虚荣”的标签。受周围人的影响，他也认为妈妈是由于爱慕虚荣才跑掉的，于是他憎恨虚荣的妈妈。随着年龄慢慢长大，他对妈妈的憎恨泛化为憎恨所有虚荣的人。所以当他被人说成虚荣，可想而知，他的怒火有多大。

其实不仅仅是精神分析，《说文解字》中也对“怒”字进行了心理化的解释：“怒，恚也，从心，奴声。”“怒”字从心，是顺应内心的真实反应。这和精神分析对“怒”的解析——潜意识压抑——有着异曲同工之妙。

我们很多时候都会戴着不同的面具生活，希望在人际关系中可以游刃有余。殊不知，面具的过度展现已让我们迷失了曾经的自我，已让我们害怕展现真实的自我。这就是为什么在夜深人静时，很多表面上从容自信、儒雅谦逊的人会为了一点小事大动干戈，会为一点不称心而对他人恶言相向。就是因为他们压抑得太深太久了，太想展露自己的另一面，但伪装的面具却不能容忍他们表现出这些失礼的行为，所以他们只能在黑暗中、安静中，只能在家庭里，通过随性的方式表达自己的不满。

荣格在 1940 年首次出版的《儿童原型心理学》中，以“内在小孩”指称儿童原型。这里的儿童原型并不来自一个人，而是一种集体潜意识，因为个人的生活经验无法完全决定其内在小孩的全貌，所以我们要关注个体特定的童年时期的经验烙印。荣格认为“内在小孩”是从人类本性的深处诞生的，而意识对他一无所知，他代表的是所有存在中最强大的冲动。这种冲动就是努力地想了解自己，而这种想要进行自我了解的力量是一种自然律，因此具有无可比拟的力量。有时候，一个人的幸福程度，取决于他和自己的“内在小孩”的关系。两者越是统一，关系越好，我们就越容易接纳内心的自我，内心就越和谐，快乐的感觉就会自然而然地流露出来。

我曾经创立了一个与内在自我建立连接的心理咨询技术，名字叫“石头的故事”。此技术属于表达性艺术治疗技术的一种，它以石头为载体，通过一些技术流程和科学的操作步骤，将心理空间外化，赋予石头以符号意义。在投射、象征中帮助个体改善与自我的关系，管理情绪，促进自我成长。这个技术也是我在咨询中使用频率最高的技术，具有很突出的疗效。有兴趣的朋友可以尝试进行操作，具体操作流程如下。

一、寻找内在小孩

一个人或几十个人，围着一堆石头席地而坐，在冥想中进入放松的状态。

指导语

“真实地面对自己，会看到有个小孩住在你的心里面。看看他穿着什么衣服，有着什么样的表情和眼神……

“每个人的内在都有一个孩子。我们不确定他的年纪，但是很多时候他比我们以为的还要小。他是我们在年幼时受伤破碎的部分，深深地埋藏在我们的心里。他有时哭、有时笑、有时愤怒、有时悲伤。有时他渴望你的拥抱，有时又想对你大吼大叫。这个孩子住在我们内在的核心里，往往比已长大的我们更清楚我们真正的需要。这个内在小孩就是你的心。而为自己的心付出是最值得的，如果连你都不去试着与自己的内在小孩相处，去照顾他，还有谁会爱你呢？所以，从现在开始，爱自己。”

闭上眼睛静下心来，才能看见真实的自己，这个自己和平时我们见到的自己甚至大不相同。因为现代生活已经让我们戴上了很多面具，只有当我们感受到爱与温暖时，我们才有勇气面对真实的自己。睁开眼睛，或许你已经泪流满面。原来遇见自己，是件这么震撼的事情。

二、为石头取名

指导语

“每个人在石头堆里选一块石头，并为它取一个名字，最好能说出为什么选这块石头。”

石头或大或小，或黑或白，或光滑或有棱角，每个人凭着感觉，选择自己的石头。这个看似游戏的行动，背后究竟有着怎样的寓意？

有的人给石头取名叫“宝宝”，有的人给石头取名叫“大白”，有的人叫它“坚强”，还有的人就把石头叫作自己的名字……取名的理由，多是对自己寄望的一种潜意识投射。每个人都能或多或少地在石头上看到自己的影子。从这一刻起，把手中的石头当作内心里的那个孩子，呵护他、拥抱他、陪伴他，用一切你所能做到的方式。

三、与石头对话

指导语

“这个你选择的石头在它生命的最初有着怎样一个故事呢？”

团体导师让每个人为手中的小石头讲故事，假设的时间段是0～3岁。每个人在讲故事的时候，一定要拿起石头对着它说。在场所有的人按照导师的指示，坐成一个八卦阵的阵形。对话结束后，给自己的石头写封信。

这些练习个人在家里也可以完成。我们需要慢慢用心去体察：自己的内在小孩多大、穿什么衣服、叫什么名字、在做什么，是孤独的一个人在那里待着，还是在很多人面前很活泼地玩乐？试着照顾自己的内在小孩，学会与他相处，满足他的合理需求。当我们把他照顾得很好，并让他获得轻松愉快的成长时，我们的现实生活也会越过越滋润。

路怒症与环境适应

近几年，随着城市交通的不断发展，候车、驾车时的一些意外事件常引发一些人情绪失控，并与他人发生冲突。这类人也被称为“路怒族”，说他们患了“路怒症”。

从心理学角度来看，除了交通堵塞外，工作和生活压力大、个人性格特质等都是引发路怒症的潜在原因。如三十岁的杜女士是某公司策划部经理，买车后出行虽方便了，但烦恼也随之而来。最近她开车时情绪总是不太好，特别是有行人乱穿马路时，她就很生气，恨不得大骂对方一顿。昨日，一辆出租车超了她的车，她立即破口大骂，把一旁的朋友吓了一跳。“我平时不是这样的，现在越来越会骂人了，跟淑女是沾不上边了，什么‘有病’‘神经’等话都能脱口而出。特别是对于突然窜出的非机动车的司机和行人，一下子就能把我惹怒，难道是我的素质变低了？”杜女士提出了这样的疑问。

对于开车族来说，长时间的驾驶之后，司机往往精神紧张、身体疲倦，情绪也比较压抑，一旦遇到闯红灯、交通堵塞等情况，被压抑的情绪就容易瞬间被引爆，致使他们出现骂人、动粗等行为。这是很多开车族的常态。因为坐在驾驶员位置的人，把握方向盘，决定方向和速度，这让他有种掌控感。但如果遇到一些没有预料到的情况，掌控感被打破了，他可能无法接受他人的影响和控制，便会被激起愤怒的情绪。

其实路怒症也是环境适应不良的表现。在流动的车辆、行人及交通规则的约束下，司机无法自如地掌控一切。无法改变，又无法置之不理，内心的愤懑与不爽便油然升起。其实不仅是司机，其他行业中的群体也存在这种情况。对于无法掌控的东西，我们会不由自主地排斥。长时间在封闭空间中保持一个姿势，我们也会疲劳与不满。如果此时出现一个导火线，压抑的负面情绪就会像火药桶一样燃爆。

所以，对于心情不好的人来说，开车上路一定要调整好情绪，当然能不开车最好。我们知道大自然可以陶冶心灵，那么走进大自然，放松心情，是调整情绪比较好的方法。不知大家有没有思考过这个问题，为何自然会净化我们的心灵，平复我们的怒气？我觉得最大的原因是环境的开放性与安全性。大自然是没有边界的，你可以赏花，也可以观鸟，可以爬山，也可以悦水。清新的空气，布满绿茵的小道，都可以让你心情舒畅，忘记纷扰。无拘无束，自由自在，又有谁不爱呢？而这正是驾驶在路上的司机所不能拥有的心境与状态。

除了陶冶心灵外，大自然也有利于打开我们的心扉。如果你想告诉孩子一些道理，或者与孩子交心，身处自然中进行远比在封闭的房间中进行效果好得多。我和同行的朋友都尝试过，孩子在开放的环境中更愿意打开自己，倾听他人的观点。感兴趣的朋友也可以尝试一下。同理，你要考验某个人，也可以在开放的自然环境中进行。例如，女性不确定是否要和男方结婚，建议你们可以进行一次七日游，在此过程中你们双方真实的人品与性情都会显露无遗。公司想要提拔高管时，也可以从团建活动中考验其人品。

情绪中暑

夏季炎热的气候，不仅炙烤着人们的身体，还使很多人的心理承受力面临考验，这就是心理学家常说的“情绪中暑”。

何为“情绪中暑”？即当气温超过35℃、日照超过12小时、湿度高于80%时，气象条件对人体下丘脑的情绪调节中枢的影响明显增强，人会处于“易激惹状态”，稍不顺心就会上火，容易情绪失控，频繁与他人发生摩擦或争执。这种现象又称为“夏季情感障碍症”。

正常人中，约有16%的人会在夏季发生“情绪中暑”。“情绪中暑”的主要症状有以下三点：一是情绪烦躁，常会因微不足道的小事，对家人或同事发火，而自己则总是觉得心烦意乱，不能静下心来思考问题，经常丢三落四，忘掉事情。二是心情低落，对什么事情都不感兴趣，觉得日子过得没劲，对同事和家人缺乏热情。此种情况清晨稍好，下午变坏，晚上更甚。三是行为古怪，常会固执地重复一些生活动作。

医学研究表明，人的情绪最容易受到外部环境的影响，特别是进入暑期后，人们要面临工作上的压力和外部高温、高湿等其他因素的影响，情绪上容易感到烦躁、不安。如果这种情绪得不到及时疏通和释放，又会反过来影响工作和生活。

所以夏季必须注意改善居住环境，既要有效地锻炼身体，又要在睡眠和营养方面遵循夏季的养生之道。平时也要注意克服性格弱点，提高思想境界，做到既 “修身”又“养性”，从而最大限度地避免或减轻夏季“情绪中暑”的症状。预防“情绪中暑”，可以从以下四个方面入手。

一、静心

“心静自然凉”出自白居易的一首诗。在一个天气酷热的日子里，白居易去拜访一名叫作恒寂的禅师。见他在闷热的房间里安静地坐着，白居易不解地问：“禅师，这里好热啊！怎么不换个地方？”恒寂禅师说：“我不觉得热，甚至还很凉快呢！”白居易深受触动，于是赋诗一首：“人人避暑走如狂，独有禅师不出房。非是禅房无热到，但能心静即身凉。”后来白居易还作诗《消暑》云：“何以消烦暑，端坐一院中。眼前无长物，窗下有清风。散热由心静，凉生为室空。此时身自保，难更与人同。”

心静，是一种境界；静心，是一种修行。越是天热，我们越要心静，尽量保持淡泊宁静的心境。在炎热的夏季，唯有内心的清凉，才可抵御外在的烦躁与不安。因此，在大暑节气里，我们要有意识地进行情绪调节，使自己的心情平静下来。遇到不顺心的事，要学会情绪转移，感到心烦意乱时可以想象一片森林、一片蓝天等，平复一下心情。

二、保证睡眠

大暑天气炎热，会严重影响人们的睡眠，继而影响人们正常的学习和工作。睡眠不足，人的心情会变得急躁。经常作息颠倒或长期熬夜的人，通常情绪也不稳定。

为此，应注意安排好作息时间，劳逸结合，保证充足的睡眠。应养成午休的好习惯，以保持充沛的精力，增强自身的免疫力。此外，还要保持良好的生活节奏，坚持早睡早起，即使晚上比较热，也不要纳凉太晚。夜间睡眠质量不高也不要太晚起床，以免造成睡眠障碍，形成恶性循环。

三、调剂好饮食

大暑节气的饮食调养要以暑天的气候特点为基础。由于气候炎热，容易伤津耗气，因此可以选用药粥滋补身体，如绿豆南瓜粥、苦瓜菊花粥等。此时饮食宜多吃苦味及健脾利湿的食物。苦味食物不仅清热，还能解热祛暑、消除疲劳。所以在大暑时节，适当吃点苦瓜、苦菜、苦荞麦等苦味食物，不仅可以健脾开胃、增进食欲，还可以预防中暑。平时注意多饮水，以调节体温，改善血液循环。

四、注意养生

大暑前后，温度相对较高，加之南方的天气往往湿热，人体容易感觉不舒服，即使大汗淋漓也解不了困热，反而更容易中暑。因此，大暑养生首先要避开在闷热天气下的过度劳动，尽量少出门、少活动。为了让体内的湿气散发出来，尽量在早晚温度较低的时候进行散步等强度适中的运动。日常生活中，行住坐卧都要保持不急不缓的动作，让呼吸均匀有序。“气”顺了，转化为足够的能量，身心舒展放松，“心”自然就平静了。

立秋

感受幸福

立秋

[宋]刘翰

乳鸦啼散玉屏空，一枕新凉一扇风。
睡起秋声无觅处，满阶梧桐月明中。

立秋，是二十四节气中的第十三个节气，也是秋季的第一个节气，时间大概在每年公历八月七日或八月八日。

《月令七十二候集解》曰："立秋，七月节。立字解见春（立春）。秋，揪也，物于此而揫敛也。"立秋一般预示着炎热的夏天即将过去，天气开始慢慢凉爽起来，风也渐渐散去暑气，带来一丝清凉。此时早晚的温差开始变大，早晨空气中的水分凝结成雾气笼罩着大地。

但立秋和立春、立夏一样，并不是真正秋天的到来。按照气象学的划分，连续五天的平均气温降到22℃才算是秋季的开始。[①] 立秋也是庄稼收获的时节，从字面上解，"秋"从禾

① 邱丙军：《中国人的二十四节气》，化学工业出版社，2018年，第138页。

与火，其含义实际上就是庄稼快成熟的意思。[1]较之其他三个季节，秋天的食材更加丰富，此时各种春播、夏播作物开始逐渐进入成熟阶段，故有“秋收冬藏”之说。

幸福是什么

古人认为“秋天宜收不宜散”，因此饮食上应基本做到“秋不食辛辣”“秋不食肺”。《黄帝内经》中说：“春主肝，夏主心，秋主肺，冬主肾。”肺主气，司呼吸。干燥的秋季容易引发身体呼吸系统不适，需要润肺养元。在饮食上要以润燥止渴、清心安神、益中补气的食品为主，可选用芝麻、蜂蜜、银耳、莲藕等具有滋润作用的食物。

在心态建设上，《黄帝内经》讲得很清楚：“怒伤肝，喜伤心，思伤脾，忧伤肺，恐伤肾。”既然秋天对应的养生器官是肺，那么从立秋开始，我们就要保持心态平和、心情舒畅，切忌悲忧伤感。

爱因斯坦曾说：“这个世界没有黑暗，黑暗是光明的缺乏；这个世界没有寒冷，寒冷是热量的消失；这个世界没有仇恨，仇恨是爱的匮乏。”依照爱因斯坦的思想进行推理，这个世界上本没有悲伤，悲伤都是对幸福的偏离。立秋时节，感受幸福，

① 邱丙军：《中国人的二十四节气》，化学工业出版社，2018 年，第 139 页。

是对抗悲伤的有效途径。

秋天是一个收获的季节。走进这个季节，就想到了幸福。我们在春天播下希望的种子，夏天努力地追寻，秋天就可以收获金灿灿、沉甸甸的果实。其实无论是播种期望、努力追寻，还是收获喜乐，期间都充满了一种幸福感。

幸福一直都是学者研究和讨论的热点话题。我查阅了一些关于“幸福”研究的文章，发现学者对“幸福”的定义主要基于两个方向：一种观点认为幸福是一种心智状态，是自我满足后的一种情绪；另一种观点认为幸福是人生的一种状态，有意义、有价值的人生才是幸福的人生。积极心理学家马丁·塞利格曼综合了这两种观点，提出了幸福五元素理论。马丁·塞利格曼认为，实现幸福人生应具备五个元素，即积极情绪、投入、良好的人际关系、意义和成就。

一、积极情绪

这是幸福理论的基石，重点在于幸福感和满意感。如和朋友聊了一个开心的话题，吃了顿好吃的饭菜，考试考了高分，升职等都会让你产生一种很开心的感觉。

二、投入

积极参与也是一种福流体验。幸福的人们会投入生活的各种活动中去,并且不会经常像不快乐的人那样感到厌倦或沮丧。无论什么时候，只要我们在做某件事情时没有注意到身边发生了什么，或者我们觉得时光飞逝，这就是积极投入，这更容易让我们体验到幸福感。

三、良好的人际关系

在对幸福的研究中，最有力的成果之一是，如果某人没能与他人建立高质量的人际关系，那么便不能认为他是具有丰盈生活的人。

四、意义

幸福的人们不只是生活得快乐或者积极地投入生活，他们还觉得人生有意义，并且怀着让世界变得更美好的更高目标。人生的意义有很多种形式，它可能来自对自己孩子的爱、不断实现自己的成长目标、拥有一项他人急需的技能并为他人服务，或者是给他人带去希望。

五、成就

成就并不是获得胜利或者夺得第一名，相反，它是关于实现有意义的、有使命感的目标的一种体验。并非所有成就都能带给人们幸福感，追求一些肤浅的外在目标，或者以别人梦想的目标作为自己的追求，很多时候并不会给人们带来成就感或幸福感。

马丁·塞利格曼的幸福五元素，有些存在交叉，如积极参与也属于人生意义的一部分；有些存在衍生关系，如积极的人际关系会带来积极情绪；有些本身概念比较模糊，如成就。当然，马丁·塞利格曼的成就也是有目共睹的，他开创了幸福人生研究的先河，把人们的关注点从疾病、问题视角转向了关注人生的积极面，这是一个里程碑式的贡献。

作为心理学的研究者，我对幸福也有一些浅显的思考，我认为幸福是分层次的。低层次的幸福是欲望满足，它包括本能的渴望和对性、食物的欲望。中层次的幸福是拥有快乐，这是人整体的情绪状态。高层次的幸福是追求有意义的人生。

很多人都渴望幸福快乐地度过一生，但我认为拥有快乐只是中层次的幸福。享乐主义就是单纯地趋乐避苦，但很明显，享乐不是人生的终极目的，也不是社会主流的价值观，甚至还会遭受批判和谴责。所以，把幸福等同于快乐的说法是不合适的，也是不正确的。

真正的幸福，应该是度过有意义有价值的人生。个体能够系统地、有序地组织个人生活，也能够理性地进行价值判断和选择，从而实现一定程度上的自我控制与自我超越。再次需要申明的是，高级幸福并不是对低级幸福的摒弃，相反在低层次的需求没有被满足之前，更高层次的幸福也是难以出现的。

例如，我在对心理志愿者进行培训时，对他们的服务动机也采用分层对待和满足的方式。和幸福的分层类似，心理志愿者进行服务时，他们的原始目的也是不同的。第一层次是满足经济需要和物质实现。心理志愿者背后所带来的名和利仍是很多人追求的目标。第二层次是满足精神需求和内心的快乐。处于这类层次的志愿者，在助人的过程中获得了快乐和精神上的满足。第三层次是将志愿服务理念与人生价值相结合。将志愿服务当成自己的事业，把自己的人生理想、目标和信念与志愿服务相结合，这是最高层次的志愿动机。

志愿者的动机水平就像金字塔一样，服务层次越是往上，其对志愿精神的要求也越高。当第二、三层次的志愿者变多时，志愿服务队伍建设和长效机制的建立会更加容易，“平等、公正、有爱”的志愿精神才真正得以彰显。如何更有效地提升志愿者的服务动机，也是亟须解决的现实问题。

幸福的感受性

春为生，熟为秋，所以秋也有轻盈展翅、秋高气爽、秋明空旷、秋爽魅人之意境，这和我们熟悉的“凉风已萧瑟”“万里悲秋”的气氛是完全不同的。其实幸福也是如此，人们对幸福的感受性也是不同的。

幸福感受性指的是对幸福的感觉能力。幸福感受性因人而异，有些人的幸福感受性高，有些人的幸福感受性低。如同样是买衣服，有些人要求必须是名牌，有些人觉得衣服只要穿着合身就行。那些要求低的人，就更容易感受到幸福，他们的幸福感受性也就相对较高。

幸福阈值低，很小的事就会令人感到幸福；幸福阈值高，哪怕是很大的喜事也不容易令人兴奋起来。其实幸福感受性也不是一成不变的，会受到内外条件的影响。如适应、对比、感官之间的相互作用、生活需要和训练等，都能导致相应的感受性发生变化。

小时候我们的快乐很简单，雨天玩泥巴，热天吃西瓜，春天赏花，冬天踏雪，都会让我们无比兴奋。工作之后，遇到雨天，我们会担心上班迟到；吃冰镇西瓜，我们会担心闹肚子；看到鲜花，已经习以为常，无暇顾及或者一扫而过；望着飘雪，首先感受到的是冷。我们渐渐丢失了习以为常的幸福，觉得挣更多的钱，住更大的房子，才是真正的幸福。其实真正的幸福并没有那么物化，它在美好的愿望里，在亲情的牵挂里，在追求目标的过程中。

当下也流行着一句幸福感言：幸福在路上。比如旅行，很多人只顾着上车睡觉，下车拍照留影，回到家后有人问他：“什么感受？”回答是：“不知道。”其实幸福早已塞满在那些美好而愉悦的景色里，或是在陌路中一次投机、默契的交流中，甚至是在疲乏时舒展肢体的那一瞬间里。因此，我们可以体会到，人生的风景虽在路途中，成长却在过程中，幸福不知不觉地在其中流淌着，这应该就是幸福本身的意义吧。

我们的梦想都包括家庭梦、人生梦，其意义就在于让每个人对未来拥有美好的期待，最后朝着这个目标去努力。这个过程包括追寻、创造、努力，并要求我们全身心地投入。我们积极努力的时候就是积极参与投入的过程。这个投入是获得幸福感的主要途径。追寻的过程比期望的过程所获得的幸福感更加强烈，到了收获的时候，一种由衷的满足感就会从内心迸发出来。

当然，也有一些人觉得自己不幸福，因为他们总是觉得幸福在别处。比如孩子是别人家的好，伴侣也是别人家的更贴心、更成功或者更美丽，总是对自己所拥有的东西感到不满意。人如果常处于这种心态中，幸福就被遮上了一层尘土。这种情况的实质是他们心理上缺少感悟幸福的能力，这种能力包括发现幸福、追寻幸福、享受幸福的能力。

我认为，幸福感受性是本心和欲望相较量的结果。本心战胜欲望，幸福感受性就会高；欲望大于本心，幸福感受性就会低。如何让两者维持在一个相对平衡的状态呢？这就要限制欲望，懂得知足。知道什么时候该“加”，什么时候该“减”，这是一种知足的能力。

如果说立春是做加法的开始，那么立秋就是做减法的开始。立春之后衣服越来越少，是便于你轻装上阵，大干一场。如果此时不“加”，不去设置目标，人就会失去努力的方向和最终的收获。立秋之后你渐渐包裹自己，是为了限制自己过度劳作，如果你已是果实累累，还要去无休止地寻求更多的收获，那你将失去体验收获带来的身心愉悦。

所以在立秋这个节气，我们要审视自己，停下来问问自己：“我追求的东西真的是必须要获得的吗？如果没有这些东西，我的生活是不是会受很大的影响？”我们要直面欲望，与欲望对话，进而感知幸福，体验幸福。

幸福的追求

我国古代将立秋后的十五天分为三候：一候凉风至，到了立秋，天气开始慢慢凉爽起来，风也渐渐散去暑气，带来一丝

清凉；二候白露降，早晚的温差开始变大，早晨空气中的水分凝结成雾气笼罩着大地；三候寒蝉鸣，喜阴的寒蝉开始鸣叫，夏蝉逐渐被秋蝉代替。

立秋的这三候，都是“转变”的表现，一候天气转凉；二候温差变大；三候寒蝉登台。

立秋是一个正在经历转变的时节，我们在追求幸福的过程中，同样也需要转变。

物质满足和精神满足是实现幸福的两大永恒主题。满足物质生活必须要钱，但钱是获得幸福的必需品吗？物质和幸福的关系是有一个拐点的。在拐点之前，你通过物质的丰富获得的满足感越高，你的内心幸福感就会越高；但当物质丰富到一定程度，再用物质去获得幸福感就没有那么容易了。物质生活很重要。从国家层面来说，经济基础决定上层建筑，国家只有富强了，才会有更多的国际话语权，社会才能稳定有秩序。从个人层面来说，物质是生存的保障，没有物质满足做基础，个人的自由和发展更无从谈起。

很多时候，我们总以为拥有了金钱就会得到我们想要的一切，我们就会快乐、幸福。但是金钱所带来的快乐是有限的，当一个人的内心不够强大时，金钱是带不来幸福感和安全感的。我曾经接触过这样一个案例：一个男人，年轻英俊，是一家外企的总经理，很多女孩追求他。虽然他已有家室，但常常挥霍无度，花天酒地，最终在短短几年时间里，事业失败，妻离子散。当他来咨询时，他一直说自己现在的生活很乏味、很空虚、很迷茫……

类似的案例并不在少数。当我们的双手紧紧抓住物质的时候，我们也会被物质牢牢控制住。幸福不仅仅需要关注收入、财富和消费等物质满足，到了一定水平之后，还要关注安全感、人际交往、尊重、自我实现等，这就涉及精神领域。

不可否认，心理的快乐要建立在物质基础的满足上。在物资极度匮乏的情况下，我们要“走得快”，才能活下去。但是当物质生活得到了较大满足时，我们就需要好好关照一下“灵魂”。

一个幸福的人，应该是一个能调节好自己的精神或心理状态的人，并把它们置于严格的理性控制之下。对已经拥有的东西持积极态度并感觉满意，这首先需要精神上的健康；对遇到的问题能够坦然处之，避免过度焦虑，这也需要心理上的弹性。当今社会中人们焦虑的原因，不是得不到，而是得不到更多。如何合理控制欲望，和欲望共处，这也是我们在精神层面上需要关注的。

处暑

和平过渡

处暑后风雨

［宋］仇远

疾风驱急雨，残暑扫除空。
因识炎凉态，都来顷刻中。
纸窗嫌有隙，纨扇笑无功。
儿读秋声赋，令人忆醉翁。

处暑，是二十四节气中的第十四个节气，秋季的第二个节气，时间一般在每年公历八月二十三日左右。在二十四节气中，“处暑”这个节气比较特殊，因其名字中带有“暑”字，往往会被误以为是夏天的节气，殊不知此时已是秋天。

《月令七十二候集解》这样解释处暑：“处暑，七月中。处，止也，暑气至此而至矣。”处暑是一个反映气温变化的节气，“处”是终止的意思，“处暑”表示炎热的暑天即将结束。此时我国大部分地区的气温逐渐下降，昼夜温差明显加大，故民间有“一场秋雨一场寒”的说法。不过南方某些地区的“秋老虎”[1]余威还在，一般到十月之后才会迎来真正的秋高气爽。

调整心态，承认局限

“一场秋雨一场寒，十场秋雨穿上棉。”这句气象谚语表示，秋季是由夏到冬的过渡季节，秋季的江淮地区常常是冷暖气团交汇辐合的地方，每当北方冷空气南下，并在此与暖气团交汇时，就会带来一场秋雨、一阵秋风，造成一次降温。从第一场秋雨开始，气温变得一次比一次低，十场秋雨过后，大约就是秋尽冬始，人们就要穿上棉衣防寒了。

处暑，意味着酷热难熬的天气到了尾声，这期间天气虽仍热，但已是呈下降趋势。这种变化让我想到了人生的过渡，如果此时我们的年龄处于“处暑”阶段，我们应该怎么应对呢？

如果把人生看作四季的话，0~20 岁正如春季，从咿呀学语的童年来到豆蔻年华，这是人生中最美好的季节；21~40 岁正如夏季，追求爱情和事业，努力拼搏，充满激情与热烈；41~60 岁正如秋季，奋斗了多年终于到了收获的季节，这时的人往往事业有成、家庭圆满；61 岁之后正如冬季，此时人的身体情况已大不如前，大多退休后在家安心养老。

① 秋老虎：在气象学上是指三伏出伏以后短期回热后的 35℃以上的天气，发生在每年公历八月底至九月之间。

如果阅读此篇的你，正处于人生的秋季，大好的年华已经过去，却还没办法享受家庭的温馨，也没有满意的工作，那么你就要试着调整心态，承认自己的局限，如阶层、家族、身体条件、智商、情商等。

局限性本身就是客观存在的，不管你承不承认它都在制约着你的行为。我们的经历有限，认知有限，理性有限，感情有限，所以我们也只能做有限的事。这世上的很多事是我们决定不了的，我们要接受自己的渺小与有限。

接受自己的有限，是对自己理性地认知并接纳。毕竟不是什么问题都能靠“画大饼”“灌鸡汤”来解决。人需要自我肯定，也需要自我否定。知道什么事可以做，什么事不能做，什么事是否有能力去做，这才是自我认知的清醒状态。

承认自己的有限并不意味着可以“躺平”，相反，这是为了让你更清楚地给自己定位。事业晋升无望，就多花点时间陪伴家人和朋友；知识有限，就多阅读增加知识量；能力有限，就多在德行上提高……

这个世界上没有完美的人，你是有限的，他人也是有限的。在我们承认自己有限的同时，也不要忽视他人的有限。有些人明明自己做不到，非得要求别人做到；别人费了好大的力气才做出来，他还横挑鼻子竖挑眼的，非常讨人厌。

曾经有位年轻人在人际交往中处处碰壁，他问一位智者：“我该怎么去维持好的人际关系？”智者回答说：“把自己当成别人，把别人当成自己。”年轻人仔细琢磨后，终于醒悟：原来把自己当成别人，就是需要站在别人的立场上考虑问题；把别人当成自己，就是需要站在自己的角度上去包容别人。

生活中的很多争吵和矛盾都是源于我们没有站在对方的立场上考虑问题。“你有没有关心过我”“你能不能多考虑考虑这个家”此类的指责相信大家并不陌生。很多时候，我们都是在负重前行，也希望自己可以一直坚强下去。但是当自己的努力与付出，得不到最亲近之人的支持与理解，甚至还遭到他们的不满与抱怨时，我们心中的委屈就再也没办法隐藏，甚至还会怀疑自己的付出是不是值得的，眼前的这个人是不是对的人。

每个人付出了都想要有收获，都希望自己倾注的心血不被辜负。妻子希望得到丈夫的理解，丈夫自然也希望得到妻子的理解。事实上，没有谁比谁更容易，也没有谁比谁更轻松，很多时候只是我们看问题的角度和所处的立场不同罢了。

承认自己有限，也要承认别人有限，对自己宽容，也要像宽容自己一样宽容别人。不分昼夜地工作的老公，自然会对家庭事务有所忽视；全职在家照顾孩子的老婆，自然免不了和社会有点脱节；从早到晚都在学校里学习的孩子，回到家后自然想脱离学习、愉快玩耍……很多时候，我们所做的事情不一定是正确的，但确实有体谅的原因。如果我们只考虑自己，不考虑别人，那无论现在过得多么潇洒随性，最终也可能走向一地鸡毛。

放慢脚步，与问题同行

除了调整心态，让自己心平气和外，处暑时节我们还要在落实行动上下功夫。处暑前，冷空气无力攻陷高温区；处暑后，清爽的天气逐渐成为主流，冷空气开始南下的次数增多，气温下降明显。在这个凉热转换的时节，我们也要在行动上有所放缓，学会与问题和谐共存。

很多来做心理咨询的人，通常不是出现问题就会立马求助咨询师。他们会与“问题”相处一段时间，直到某一天，自己觉得无法再与“问题”相处下去，才会来求助。他们认为，现在所有的焦虑、抑郁都是由“问题”引起的，“问题”是罪魁祸首，只要“问题“不存在了，自己的生活就能快乐顺遂！他们对咨询的期望就是希望心理咨询师帮自己解决问题。如果“问题”真是罪魁祸首，为什么你曾经与它相处一段时间仍相安无事，现在却突然难以忍受？这里面一定还有其他原因。

问题本身并不是问题，如何看待问题才是问题。正如心理学家阿尔伯特·艾利斯所认为的那样：“引起人们情绪困扰的并不是外界发生的事件，而是人们对事件的态度、看法、评价等认知内容。”

试问，古往今来有谁从没遇到过问题？有谁的人生是解决了一个问题就再未出现过其他问题的？没有人！生活的车轮不停地向前滚动，我们总会遇到一个又一个问题，解决了一个问题，又会出现新的问题，这才是人生常态。不要指望解决所有问题，也不要幻想生活中不会出现问题。

在心理咨询工作中，有来访者求助，提的问题是我无能为力的，如果我试图对他说我可以帮你解决，那是在自欺欺人；如果我说无能为力，他可能觉得生活更加无望。那我应该怎么处理呢？我一般会说："我体会到了你现在的心情，虽然感到无能为力，但我不想放弃，我想和你一起面对这个问题。"其实很多心理咨询是做不到消除问题的，真正良好的咨询效果是帮助来访者学会与问题共存。

与问题同行是需要能力的，这种能力包含化解、接纳和升华三个内容。遇到问题，先试着解决；如果不能完全解决，就尝试着接纳一部分；接纳之后可以对这部分内容进行意义上的升华。比如面对亲人离世，我们刚开始会非常痛苦和悲伤，情绪宣泄之后，我们也要承认"人死不能复生"，以后自己和对方就是天人永隔，再也不能相见。至于以后的路要怎么走，这就涉及升华的部分。如果你此时觉得人生已没有希望和意义，你不想痛苦地活着，这就是没有完成升华；如果你带着对亲人的爱和亲人对你的爱勇敢地活下去，不管以后遭遇什么，你都不会轻易放弃生命，这就做到了升华。

我们的人生剧本是否已经写好了呢？没人说得准。但我们得承认，有些问题我们确实改变不了。青春年少时我们认为很多事都能被我们掌控，“我的人生我做主”“我命由我不由天”。随着年龄的增长，学会了越多，得到了越多，也发现了越多无法得到、无法改变的东西。哲学家爱比克泰德曾说：“我们登上并非我们选择的舞台，演出并非我们选择的剧本。”我们决定不了我们的出身，也决定不了我们的智力，甚至我们穷其一生，也得不到别人一出生就拥有的东西。

很多时候我们也会羡慕别人的剧本，但是别人的始终是别人的，我们抢不来，也灭不了。我们能做的，就是把既定的剧本给演好。面对无可承受的挫折，对不起，这就是你的剧本，你只能选择好好演出，演出一场特别的、独一无二的戏剧。

仪式感：对美好生活的向往

处暑前后民间会有庆祝中元的民俗活动，俗称“七月半”或“中元节”。旧时，民间会在七月举行普度布施活动，还会在中元节夜晚放河灯。河灯，也叫“荷花灯”，一般是在底座上放灯盏或蜡烛，然后把河灯放到江河之中，任其漂流。人们通过放河灯这种仪式，来寄托哀思，祈求平安，帮助迷途的亡魂，这也表达了我们对于美好生活的向往。

现在越来越多的人开始重视仪式感，因为就像《小王子》里说的，仪式可以使某一天与其他日子不同，使某一时刻与其他时刻不同。仪式赋予了此时此刻的行为一个独特的意义。

几乎每个人的一生，都会经历很多仪式。比如出生后会过“百日”“抓周”，上学后周一举行的升旗仪式，过生日全家围坐在一起吃蛋糕，春节拜年发红包，结婚时举办婚礼，情人节送礼物等，这些都是人们表达内心情感最直接的方式。仪式感是信仰，是对亲人的爱，也是对美好生活的追求。

当下有些人对仪式和形式界定不清，甚至认为仪式感就是一种形式主义。如果仪式只注重外在的形式，而不注重内容，甚至此种形式是脱离内容的，这免不了沦为形式主义。比如有些公司要求员工每天早上昂首挺胸喊口号，口号内容涵盖热情主动、自信自强等精神，结果老板却动不动就对绩效不好的员工摆脸色，公司里老员工欺负新员工，老板也置之不理。老板这样的为人，很难不让人怀疑他的“喊口号”是走形式。

不可否认，仪式中也有形式，如婚礼中互赠戒指和亲吻，生日聚会中吹蜡烛许愿等。但是这种仪式里的“形式”，是出于深切的爱和美好的祝愿，已成为一种爱的象征，像这种活动，就很难被打上“形式主义”的标签。

形式主义和仪式感是有本质区别的。形式主义的本质是功利主义、主观主义，做表面文章。而仪式感的本质却是在用虚来表现实，实多虚少，通过形式来传递一种价值观念和情感。

《中国青年报》社会调查中心曾通过民意中国网和新浪网，对 1621 人（其中“80 后”占 48.9%，“70 后”占

37.0%）进行的调查显示[1]，74.3% 的人感觉国人的仪式感越来越淡漠了。至于淡漠的原因，66.0% 的人认为是“社会节奏加快，无暇顾及”；61.5% 的人将其归结为“仪式教育缺乏，不了解仪式的内涵”；47.7% 的人觉得“现在的仪式过于死板，只是走走过场”；45.9% 的人认为“各种仪式太多了，无暇顾及”。

这个调查虽已过去十四年之久，但对现在的人们仍有参考价值。相比十四年前，现在有更多的人开始重视仪式感，但占整体人群的比例仍不是很大。社会节奏加快，缺乏仪式教育仍是很多人不重视仪式感的原因。在处暑时节，借助放河灯这个仪式，我们也要重新拾起被遗忘的美好情感。对于素不相识的已故之人，我们仍抱有善意和希望，那还有什么理由不安顿好自己的精神世界，认真地对待所爱之人呢？

爱，就要有所行动；情，就要有所表达。愿各位都能在处暑节气里给自己或他人准备一个表达内心情感的正式仪式。

① 韩妹：《74.3% 的人感觉国人仪式感淡漠》，《中国青年报》，2010 年。

白露

思想升华

秋露

［唐］雍陶

白露暖秋色，月明清漏中。
痕沾珠箔重，点落玉盘空。
竹动时惊鸟，莎寒暗滴虫。
满园生永夜，渐欲与霜同。

白露，是二十四节气中的第十五个节气，秋季的第三个节气。时间大概在每年公历九月八日前后。白露是反映自然界寒气增长的重要节气。

《月令七十二候集解》中解释："水土湿气凝而为露，秋属金[①]，金色白，白者露之色，而气始寒也。"露，是由于温度降低，水汽在地面或近地物体上凝结而成的水珠。此时阴气逐渐加重，清晨的露水随之日益加厚，凝结成一层白白的水

① 秋属金：在五行学说中，春天为木气最旺之时，故春字五行为木；夏天为火气最旺之时，故夏字五行为火；秋天为金气最旺之时，故秋字五行为金；冬天为水气最旺之时，故冬字五行为水。

滴，所以此时的节气被称为“白露”。

白露是我国大部分地区秋天到来的标志，夏季风逐步被冬季风代替，冷空气势力变强，往往带来一定范围的降温，此时日平均气温大都下降到 22℃以下。由于白露给人一种纯洁、美好的感觉，此节气我们围绕精神方面的升华进行心理建设。

收清露：整理思想精华

露水晶莹剔透，纯净无瑕，更多给人温润饱和之感。我国是最早发现露水有医疗保健功效的国家之一。明朝李时珍的《本草纲目》上记载：“秋露繁时，以盘收取，煎如饴，令人延年不饥。”“露水性甘味平，养阴抚阳，滋益肝肾，去诸经之火，愈百病，止消渴，甚为有效。”[①]因此，收清露，成为白露最特别的一种仪式。

在古代，露珠也被看作是天地之精华。露水得天之寒气，地之水气，经过自然选择凝聚提炼而成，古代修道者就有采集露水的传统。

由自然的露水延伸到心理建设，从立春到现在，我们心理上有没有产生珍贵的露水呢？跟随节气规律，我们在春天树立目标，夏天努力拼搏，秋天收集成果。在我看来，思想上的、

① 李媛：《百水之王——露水》，《中国中医药报》，2013-9-18。

精神上的一些收获、领悟就相当于是心理上的露珠。

谈起思想总结，并不是每个人都有这样的整理能力。百科对“整理”是这样定义的：使有条理，有秩序。根据词义，我们可以这样理解：整理是按照一定的秩序或法则，将混乱的事、物变得不混乱。它是一个分类的动作——保管好你需要的，扔掉你不需要的；它更加是一种能力——对有限资源的合理规划，有效利用。

根据对象的不同，整理能力也有高低之分。对物品的整理相对简单些，通过收纳、断舍离、极简等不同方式和工具，将家中的物品收拾得有条理，这是最基础的整理。整理人与物品的关系就相对难些，需要辨别对物品的需求与感受，“你为什么买/不买它”“为什么想要丢弃它”等。最高层次的整理是整理身与心的关系。当很多事情一起涌来时，我们常常难以及时处理，由此产生焦虑。在这种状态下，我们很容易疏忽大意，可能会造成严重后果，加重心理负担，形成恶性循环，产生更大的压力，甚至还会引发身体疾病。

梳理思想，这就涉及最高层次的整理。经过大半年的准备、学习、拼搏、成长，我们也有了新的知识积累，有了珍贵的情感体验，有了对人生的深刻思考。此时，我们通过总结和归纳，理清我们内心的收获与反思，去伪存真，化繁为简，从而更好地了解自己的真实需求与感受，实现身与心的连接。

我们还可以借助思维导图来帮助自己理清思想。思维导图正是充分利用了我们大脑思考的方式，以图文结合的形式把我们的思考方式呈现出来，形成一种图视化网状结构的思维工具。对于思维导图的绘制，要同时运用我们的眼睛、大脑和手，听、说、做同时调动，可以有效提高我们的整理能力。如果你觉得太难，也可以直接写一篇总结性的文章，收集你这一年的思想精华。

白露：写一封情书

白露晶莹剔透，正如美好纯洁的爱情一样，中、西方的文化，也都折射出了白露与爱情的相关性。

蒹葭（节选）

蒹葭苍苍，白露为霜。
所谓伊人，在水一方。
溯洄从之，道阻且长。
溯游从之，宛在水中央。

这几句诗的大意是：大片的芦苇青苍苍，清晨的露水变成霜。我所怀念的心上人啊，就站在对岸的河边上。逆流而上去追寻她（他），追随她（他）的道路险阻又漫长。顺流而下寻寻觅觅，她（他）仿佛在河水中央。

这首诗以含蓄的手法，隐喻地表达了主人公追求心爱的人，但因为有重重的山水相隔，可望而不可即的心境。特别是诗的前四句，营造的意境与美感无与伦比，以至于人们一提到“白露”，就会联想到爱情。

古希腊传说中，说在白露那天出现第一缕曙光的时候，若一对恋人将绿宝石交给对方，那这对恋人不管遭遇多少磨难，他们的恋情都将永远无坚不摧。绿宝石，古希腊人称它为“发光的宝石”。它代表幸运、财富、信义和永生，象征尊贵、美好和丰收。人们相信，绿宝石还能带给情侣们忠贞不渝的情感。

关于爱情从何而来，进化论、学习论、社会学论、精神性爱论、生化论、依附论等众说纷纭。进化论认为爱情是人类进化的产物，其存在可以维系夫妻间的合作，以便更好地照顾弱小的子女；学习论认为爱情由高频率的积极行为引发，如笑容、赞美、关心呵护等；社会学论认为爱情可以满足个性和情感需要；精神性爱论认为爱情源于一种人们渴望但由于社会限制而不能表达的性需求；生物学研究认为多巴胺、催产素等生物因子调控着爱情；爱情依附论强调生命的主要动力是与他人结合，人们对爱人有种像对孩子一样的情感依附。

虽然美好的爱情使双方收获幸福和成长，但有些爱情也会出现复杂问题，如多角关系、虐待行为、嫉妒与控制等。为了避免爱情或婚姻中的高风险、高成本，有些人干脆不恋爱不结婚不生子。《中国人口和就业统计年鉴 2023》中显示：2022 年，我国城市人口中，25~29 岁这一年龄段的人中未婚率为 56.9%，而 30~34 岁这一年龄段的人中未婚率则为 20%。特别是 30 岁的城市人口中，未婚率高达 30.7%。[①]

随着单身人群不断壮大，单身经济也应运而生，如单身公寓、游戏、宠物等行业的崛起。

用现实的眼光来看，造成人们越来越多选择单身的原因，有这样的可能：有钱的没时间谈恋爱，有时间的没钱谈恋爱，有钱又有时间的遇不到对的人。前两者受客观因素制约，让人无能为力；而遇不到对的人，不愿将就，更多的是主观上的考量，这方面我们可以探讨一下。

中国有一个传统的婚配观念：门当户对。旧时指男女双方的社会地位和经济情况相当，适合结亲。而对于现代人来说，幸福的婚姻应主要取决于双方心理上的门当户对，即双方有相似的价值观。如果价值观不同，彼此之间就很难接纳对方。其实我们在做婚姻情感咨询时也看到很多人，没有遵循“心”的门当户对。有的人孩子已经十几岁了，但夫妻双方还没有认可对方的价值观，家庭无法形成统一的价值观，由此导致亲子关系和夫妻关系也不是很和谐。

那么什么样的爱情才是好的爱情呢？心理学家罗伯特·斯

① 中国新闻网：《城市 30 岁人群未婚率超 30%，乡村 30～34 岁未婚率近 2 成》，https://www.chinanews.com.cn/m/sh/2024/01-11/10144092.shtml。

滕伯格提出了“爱情三元素”理论。他认为所有的爱情体验都是由激情、亲密和承诺三大要素所构成的。激情指一种情绪上的着迷，个人外表和内在的魅力是影响激情的重要因素。亲密指的是两个人心理上互相喜欢的感觉，包括对爱人的赞赏、照顾爱人的愿望、自我的展露和内心的沟通。承诺主要指个人内心或口头对爱的预期，是爱情中最理性的成分。最完美的爱情应包含激情、承诺和亲密。激情对应人的生理需求，亲密对应人的社会需求，承诺对应人的道德需求。只有三种元素兼而有之，才称得上是真正的爱情。

事情上，激情、亲密与责任一直存在于幸福的婚姻中，只是在不同时间、不同阶段，三者所占的比例不同而已。婚姻初期首先是激情主导，然后是亲密主导，最后是责任主导。在一段感情中，如果你只看到激情，那也许就不是爱情。

正在阅读此书的你，如果已有爱人，希望你能够在白露节气写一封情书，对爱人进行深刻的告白，这封情书可以直接读给你的爱人听。如果你所爱的人已不在人世，你也可以借此机会表达你对他的思念与不舍，升华你内心的情感。

祭禹王：拜访贤人

白露时节，江苏太湖畔的老百姓有祭祀禹王的习俗。禹王，

就是我国古代传说里的大禹，是与尧、舜齐名的贤圣帝王。

大禹是夏朝的第一位天子，因此后人也称其为“夏禹”。他最卓著的功绩，就是历来被传颂的治理滔天洪水，以及规划中国版图为“九州”。大禹治水共花了十三年的时间，他疏通三江，有效解决了黄河流域长久以来的洪水之患。昔日被水淹没的山陵露出了真容，荒田变成了粮仓，人们安居乐业，过上了幸福富足的生活，后人感念他的功绩，为他修庙筑殿，尊他为“禹神”。[①]

大禹是贤德之人，白露时节祭祀大禹，传递的也是人们对贤德之人的尊敬与爱戴。现如今，说起有德行、有知识、有修养的人群,大家会想到什么人群呢？我想很多人会脱口而出“教师”。至于教师节为什么会在这个时节，我也做了一番考证。

1985 年，经过全国人大常委会决议，确定每年公历九月十日为教师节。主要理由是九月是新学年开始的时间，非常有必要让学生在新学年开始之初，就接受尊师重道的教育，因此教师节应该设在九月的一天；但不建议设定在九月一日，因为这时很多大学还没有开学，不利于开展庆祝教师节的活动，而九月十日绝大部分大学已经开学了。[②]

要说中国历史上最伟大的老师，很多人会觉得非孔子莫

---

① 矫友田：《二十四节气》，山东城市出版传媒集团 · 济南出版社，2018 年，第 67 页。

② 黄宏：《教师节，为什么在每年 9 月 10 日？》，浙江新闻客户端，2020-09-10。

属。相传孔子有弟子三千，其中有贤人七十二位。孔子去世后，其弟子及其再传弟子把孔子及其所有弟子的言行语录和思想记录下来，整理编成了儒家经典《论语》。孔门师生在当时社会上产生了很大的影响，形成了中国古代影响最为深远的一个学派——儒家学派。儒家思想经历朝历代的演变，对中国人的价值观、人生观产生了极为深远的影响。孔子被后世统治者尊为“孔圣人”“至圣”“至圣先师”“万世师表”，被联合国教科文组织列为“世界十大文化名人”之首。孔子诲人不倦的精神也一直流传至今。

在社会发展中，教师是人类文化科学知识的继承者和传播者；对学生来说，教师又是学生智力的开发者和个性的塑造者。因此人们把“人类灵魂的工程师”的崇高称号给予人民教师。而除了教师节适逢白露前后，巧合的是，国际扫盲日（九月八日）也在白露前后。从某种意义上，这也说明了白露节气的教化功能，这是一个重视贤德、重视品行的节气。

在白露时节，我们可以像祭禹王一样去拜访对我们影响深远的老师，感谢他们的传道授业解惑。我们可以给敬爱的老师寄个小礼品，有条件的人还可以亲自登门拜访。如果你找不到合适的教师人选，也可以找对你有深刻影响的贵人。这个贵人可能是技术的创新者，也可能是思想的引领者，甚至还可能是一个平凡岗位上的普通人。只要你认为他是你心中的榜样，你都可以去向他学习，带着感恩的心，近距离接受他品行的熏陶。

秋分

总结规划

晚晴

［唐］杜甫

返照斜初彻，浮云薄未归。
江虹明远饮，峡雨落馀飞。
凫雁终高去，熊罴觉自肥。
秋分客尚在，竹露夕微微。

秋分，是二十四节气中的第十六个节气，秋季的第四个节气。每年公历九月二十三日前后，太阳到达黄经 180° 时为秋分。秋分当日，北半球昼夜等长；秋分之后，北半球各地昼短夜长，这种现象将越来越明显。

汉代董仲舒的《春秋繁露·阴阳出入上下篇》记载：“秋分者，阴阳相半也，故昼夜均而寒暑平。”“秋分”有两种含义：一是秋分居于秋季九十天之中，平分秋色；二是在秋分这天，太阳直射赤道，将昼夜平分。秋分时节，我国大部分地区已经进入凉爽的秋季，全国绝大多数地区呈现一片秋高气爽、丹桂飘香的景象。

祭月：总结个人规划

秋分曾是我国传统的“祭月节”，在这一天要祭月神。现在的中秋节则是由传统的“祭月节”演化而来。史书记载，早在周朝，古代帝王就有春分祭日、夏至祭地、秋分祭月、冬至祭天的习俗，其祭祀的场所称为日坛、地坛、月坛、天坛，分设在东南西北四个方向。

古人对月亮的盈缺抱有极大的好奇，月球表面上的不规则黑斑，又诱发出人们的种种幻想。在漫漫长夜里，月亮给人带来了光明，它在夜空中最为明亮，所以又称“大明”，并常与太阳并称。汉字“明”是个会意字，即“日月为明”。月亮以其在夜晚的光辉，给人们的生活和生产带来便利，自然就受到了人们的喜爱和崇拜。

这种崇拜的背后，反映了人类社会与大自然的相处之道。当自然中的一些神秘现象人们无法去解释时，就会把它归于自然的神秘。月亮为何阴晴圆缺？古人无从知晓，就把原因归为月亮本身就是充满神秘的，是神圣的。它有一种超乎人类的力量，由此古人就延伸出了这样的情感链：想要源源不断地在黑暗中获取月亮的光明，就要对它进行祭拜，以此来表达我们对月亮的忠诚与对月之力量的渴望。通过这样的祭祀活动，古人也实现了与月亮的和谐共处。

春祭日，秋祭月，人们会随着节气转变，对日月给予不同的情感。这让我想到了工作规划的拐点与转身。每年我们的工作规划也是有调整的，如果我们上半年是不断向上发展的，那么下半年我们就要做一个总结和调整。

总结是对已经做过的工作进行理性的思考，回顾我们过去做了些什么、如何做的、做得怎么样。总结是制定新计划的基础，因此，工作总结还要求我们对以往工作进行冷静地反思，通过反思，提高认识，收获经验，为进一步做好工作打下思想基础。

总结经验不要就事论事，跟着感觉走，而要就事论理，辩证分析，力求得出科学结论，这样才能促进工作的转化。工作中哪些需要删减，哪些需要改善，也都是建立在事实基础上的。

当然，除了工作总结，我们每年也会或多或少地对家庭和个人学习进行规划，借此秋分之际，也都可以进行一个小总结。一年的时间已经过去三分之二，接下来的八个节气，我们该如何度过，是需要重新规划的。

个人总结报告，可以围绕人际交往、个人成长、家庭经营、事业（工作）发展、自我价值等几个方面来组织内容，突出自己取得的成果，分析存在的问题，表达经验感想，并思考记录下自己今后有何打算。今后打算应包括如何保持优势、克服存在的问题及今后的努力方向，也可以展望未来，制定新的奋斗目标。

正如谚语“白露早，寒露迟，秋分种麦正当时”所表达的那样，有些事情是适合秋分做的。愿我们每个人都能抓住秋分这个节气，做好个人的总结。

走社：分享的意愿

古时秋分日“走社”之风十分盛行。秋社最初为立秋后的第五个戊日，一般是在秋分前后，因此也有不少地方会固定在秋分这日举行秋社，祭祀土地神，以报答大地的养育之恩；而除了祭祀土地神外，秋社还有庆祝丰收的含义，人们会以刚刚收获的农作物作为祭品，祈求风调雨顺、五谷丰登。

古代农家以土地为赖以生存的资源，而且人口稀疏，住所固定，环聚一处，守望相助，邻里之间的感情极其深厚。有时对于农事上的工作，如耕地整理、病虫害驱除与预防等，也会互帮互助，协力完成。秋社之时，一年的辛劳已经得到回报，彼此愉快的心情无以复加，因此男女走社，总是要比春社还要盛大。各家经常拿出丰收的土产食品招待客人，以相互展示分享，如此也促进了人们的进取之心。

分享是一种古老的人类行为，它是非互惠的行为，即分享者将自己的资源分享给别人而不计较回报。在该过程中人与人之间会产生社会关系，使人们形成社区归属感。[①] 原始社会就有分享，部落成员狩到猎物之后，会一起分享猎物的肉。家庭成员也会一起分享房间、家具、食物等资源。

传统的分享主要发生在家人、亲戚和朋友间，后来随着互联网技术的进步，分享拓展到了陌生人，由此产生了基于互联网的分享。传统的分享和基于互联网的分享都是非互惠导向的。而分享经济则是基于互联网平台且以获得收益为主要目的的。现在分享经济（共享经济）正在逐渐改变人们的生活和工作方式，共享单车、滴滴出行、美团外卖都属于分享经济的一种。

虽然我们身处共享经济时代，但好像越来越多人不愿意分享了。有些人是担心分享之后不被珍惜，毕竟审美趣味因人而异，你喜欢的东西不一定别人也会喜欢；有些人是出于隐私考虑，不想让自己的一举一动都暴露在网络之下；有些人则是考虑到自己的人设，每次的随手分享都是个人的呈现，对你不了解的潜在“观众”，可能会因一篇文章对你做出抨击。[②]

培根有句名言：“如果你把快乐告诉一个朋友，你将得到两份快乐，而如果你把忧愁向一个朋友倾诉，你将被分掉一半忧愁。”人是社会之人，如能有缘结交更多同道中人，相互帮助和支持，人生发展的道路也会更加丰富多彩。通过分享，我

① 何超，张建琦，刘衡：《分享经济：研究评述与未来展望》，《经济管理（月刊）》，2018.40(1)：18。

② 秦佩璇：《为什么身处“共享时代”的人们越来越不爱分享了》，好奇心研究所，2018—7—30。

们更容易结识更多有相同思维方式和价值观的朋友，有利于自己的终身学习和持续成长。

当然，不管是传统分享还是基于互联网的分享，都可以帮我们进一步与他人交流感情，增加个体的归属感。从心理建设来说，这是非常有益的行为。一般面对亲朋好友，我们是乐意分享的，也不会感觉有任何的负担和风险。所以希望在秋分节气，大家能够提升分享意愿，和亲朋好友进行分享和交流。

说秋：积极语言

在过去，由于生产力落后，耕牛不仅是主要的生产工具，也是丰收的保证。秋分日这天，民间会有人挨家挨户送秋牛图，就是为了表达对耕牛的爱惜和崇敬。一般是把二开红纸或黄纸印上全年农历节气，还要印上农夫耕田图样，名曰“秋牛图”。送图者都是些民间善言唱者，主要说些秋耕和吉祥不违农时的话，每到一家更是即景生情，见啥说啥，说得主人乐而给钱为止。言词虽随口而出，却句句有韵动听，俗称“说秋”，说秋人便叫“秋官”。

说秋是用风趣幽默的语言赞美农家丰收，这种乐于赞美的表达放在现在社会中也同样适用。心理学家威廉·詹姆斯说：“人性最深层的需求就是渴望别人的欣赏。”如果在人际沟通中，你能够满足别人人性中的这种渴望，懂得赞许，善于赞许，那么你将成为一个有同情心、有理解力、有吸引力的人。

美国《幸福》杂志曾对美国500位年薪50万美元以上的企业高管人员和300名政界人士进行调查，调查表明：其中93.7%的人认为人际关系顺畅是事业成功的最关键因素，其中最核心的课程是学会赞美别人。中国JR人才调查中心的一份调查报告显示：我国每100位头脑出众、业务过硬的人士中，就有67位因人际关系不顺而在事业中严重受挫，难以获得成功。他们共同的心理障碍是：难以开口赞美别人。①

人在婴儿时期，就从父母的点头、微笑、拍手、抚摸等赞美性的动作中获得满足。成人以后，我们更多的是在别人、在社会舆论的赞许声中获得强烈的成就感。在社会心理学上，这被称为“社会赞许动机”。

我们应该认识到，每一个人都有他的优点和长处，这些优点和长处正是个人存在价值的生动体现。人们一般都希望他人能看到和肯定自己的价值。因此，诚恳的赞美之声，总是能够让我们赢得对方的欢心，同时也为自己打开局面创造了良好的氛围。

但是由于国人比较内敛和低调的性格，我们很少去赞美别人、夸奖别人，这也就导致了我们收获到的积极语言比较少。

---

① 韦志中：《积极心理学——中国人的68堂幸福实践课》，台海出版社，2019年，第70页。

所以，如何收获更多的积极语言，如何通过积极语言引发积极行为，一直是积极心理学比较关注的方向。

积极语言是对幸福五元素的有效延伸和补充。积极语言的关键假设是：积极语言能为自己，也能为他人带来愉快体验和愉快情绪，它探讨的主要问题是——人说什么样的话、如何说话能够引导自己或他人关注生活中美好的东西，从而带来愉快体验和愉快情绪。

正所谓“良言一句三春暖，恶语伤人六月寒”。赞美的语言可以让人如沐阳光，而一句伤害他人的话，即使在六月天，也能使人感到阵阵严寒。语言作为人们最主要的沟通工具，应该最大限度地被善化。

借助秋分日送秋牛图这个契机，希望大家都能想好赞美他人的话，营造美好的语言世界。你可以找一个你熟悉的朋友，整理一下他今年遇到的喜事与乐事，如升迁、结婚、生育小孩、孩子考了好成绩、旅游等；同时画一幅秋牛图，牛寓意“牛气冲天”，在秋分日把秋牛图和你准备的赞美的话一起送给他。赞美的画加上赞美的话，相信朋友感受到的快乐也会是双倍的。

寒露

放下过往

咏廿四气诗·寒露九月节

[唐]元稹

寒露惊秋晚，朝看菊渐黄。
千家风扫叶，万里雁随阳。
化蛤悲群鸟，收田畏早霜。
因知松柏志，冬夏色苍苍。

寒露，是二十四节气中的第十七个节气，秋季的第五个节气。时间大概在每年公历的十月七日至九日。

《月令七十二候集解》："九月节，露气寒冷，将凝结也。"寒露节气时，气温比白露时更低，由白露时的凉爽变为寒冷，地面的露水受到低温影响，快要凝结成霜了。如俗语所说的那样，"寒露寒露，遍地冷露"。寒露时节，露水增多，气温更低，北方已呈白云红叶的深秋景象，有些地区甚至会出现霜冻。南方地区秋意渐浓，人们已开始享受凉爽的秋风。

重阳节：爱老敬老

重阳节一般逢着寒露节气。重阳节，又称重九节、晒秋节，是我国的传统节日，早在战国时期就已经形成，到了唐代被正式定为民间节日，此后历朝历代沿袭至今。1989 年，我国政府又把农历九月初九定为“老人节”“敬老节”，为重阳节增加了尊老、敬老、爱老、助老的内涵。

《西京杂记》记载：“九月九日，佩茱萸，食蓬饵，饮菊花酒，云令人长寿。”相传自此时起，就有了重阳节求寿之俗。“九九”，因为与“久久”同音，又因古时“九”是数字中的尊者，遂有长久长寿的含义，所以常在此日祭祖与推行敬老活动。重阳节与除（除夕）、清（清明节）、盂（中元节）三节一起，都是中国传统节日里含有祭祖习俗的节日。

人口老龄化是社会发展的重要趋势，也是今后较长一段时期我国的基本国情。2019 年，国务院印发《国家积极应对人口老龄化中长期规划》，数据显示：2000 年至 2019 年，60 岁及以上老年人口从 1.26 亿增加到 2.5 亿，老年人口占总人口的比重从 10.2% 上升至 17.9%。在这 2.5 亿老年人口中，75% 的老年人患有一种以上慢性病，失能和部分失能的老年人约有 4000 万。这些问题不仅严重影响了老年人的生活质量，也给家庭和社会带来了沉重负担。

当前，我国老年人口总体呈现基数大、比例高、增长快、空巢多等特点，养老服务需求不断增长。除了“吃饱穿暖”的基本生活需求外，不同阶层、不同地区、不同家庭结构的老人的养老需求也日趋多样化。积极构建养老、孝老、敬老的社会环境，是我国积极应对人口老龄化的工作方向之一。通过对社会学、心理学等方面的研究，老年人的心理和精神需求主要表现在以下几个方面。

一、健康需求

人步入老年后，各部分器官都随着年龄增长逐渐老化，这也使得老年人患各种疾病的概率增大，对健康的渴望是老年人最迫切、最主要的心理需求之一。更重要的是，老人对健康问题的敏感会造成其心理上的特殊需求。很多老人过于关心健康问题，往往会产生一种莫名的紧张情绪，甚至忧心忡忡，这种紧张心理又会对老人的身体健康产生不好的影响，进而引发疾病。

二、尊重需求

老年人由于离开原来的工作岗位，或者离开原有的社会生活，可利用的资源越来越少，逐渐成为弱势群体。这种心理上的落差会造成老人情绪低落，产生被抛弃感，进而诱发身心疾病。因此，老人特别需要别人对他的尊重。对很多老年人来说，是否得到别人的尊重，成了其生存的第一价值。

三、情感需求

情感需求是老人的一种普遍强烈的精神需求。人到了老年，精力、体力、脑力都受到一定限制，同时在人的一生中，总会遇到一些不幸的生活事件，如丧偶、子女早逝等，这给老人带来了极大的烦恼与痛苦。因此老年人特别希望在亲情、友情、爱情等方面得到关心和交流，希望得到他人的接纳和重视。儿孙绕膝承欢、老伴相濡以沫是绝大多数老年人心中的梦想，这会使老人感到温暖和幸福，感到老有所依。

四、自我实现需求

老人都有追求老有所为、老有所用、老有所成的愿望。老年人尽管已经卸下工作和生活的重担，但依然期望自己生活得有意义，期望自己对他人和社会有价值。

趁着老人节，我们可以进行一些敬老爱老的行为，满足老人的心理需求。如果你在外地工作或学习无法回家看望老人，要记得给老人打个电话，哪怕是一句简单的问候，也会使老人感动很久。如果你和父母居住在一起，那么可以在重阳节当天早点回家，为老人做一顿可口的饭菜，在饭桌上和父母拉下家常，说说工作中的趣事，老人也会感觉到幸福。如果家中无老人，可以去敬老院陪伴孤寡老人，为他们做些力所能及的事，送上自己的爱心与善意。

登高：放下过往

由于重阳节在寒露节气前后，寒露节气宜人的气候又十分适合登山，慢慢地，重阳节登高的习俗也成了寒露节气的习俗。

古人登高有辟邪之说。南朝梁人吴均之的《续齐谐记》中记载，东汉时汝南县里有一个叫桓景的人，他所住的地方突然发生大瘟疫，桓景的父母也因此病死。于是他决定到东南山拜师学艺，仙人费长房给桓景一把降妖青龙剑。桓景每天早起晚睡，披星戴月，勤学苦练。一日，费长房说："九月九日，瘟魔又要来袭，你可以回去除害了。"并且给了他一包茱萸叶，一瓶菊花酒，让他劝说家乡父老登高避祸。九月九日那天，他领着妻子儿女、乡亲父老登上了附近的一座山，把茱萸叶分给大家随身带上，瘟魔则不敢近身；又把菊花酒倒出来，每人喝了一口，避免染上瘟疫。之后，他拿上降妖青龙剑，和瘟魔展开了激烈的搏斗，最终杀死了瘟魔。从这之后，汝河两岸的百姓，就把九月九登高避祸、桓景剑刺瘟魔的故事一直传扬至今。从那时起，人们就有了重九登高的风俗。

现在人们登高，更多是由于秋季天高气爽，登高望远可使人心旷神怡，健身祛病。当然登高也还有其他的寓意，如杜甫的“会当凌绝顶，一览众山小”，彰显了诗人敢于攀登绝顶、俯视一切的雄心和气概；王安石的“不畏浮云遮望眼，自缘身在最高层”揭示了人不能只为眼前的利益，应该放眼大局、考虑长远的人生哲理。《荀子·劝学》中的“不登高山，不知天之高也”喻指站得高才能看得远。这些名句把登高与高升、勇敢、目光远大联系在一起，从而让“登高”带上了励志、发展的意味。

很多时候我们都有美好的愿望，想要拥有更好的未来，想要步步高升，但是由于对过去一些事情的放不下，阻挡了我们前进的脚步。学会放下，是一种生活智慧。放下有两种，一种是不得不放下，一种是知道什么时候该放下。

有些事情，明明过去了，却仍无法忘记；有些过客，明明走远了，却仍然会念念不忘；有些时候，为生活拼到疲惫不堪，却还要无奈地坚持。类似于这样的思想，在日常生活中比比皆是。

有一位来访者找我做咨询，说：“上司安排给我的工作，我总是不满意自己的完成情况，明明我知道自己没有办法做到十全十美，但就是放不下，时间久了我越来越受不了自己了。”当时我就让他端着一个玻璃杯子，然后我往里面倒热水，倒到一定程度时，他感觉烫手，可还是忍着不放。我再继续倒，直到水溢出来流到他手上，这时他受不了了，杯子“啪”的一声掉在地上，全碎了。这个杯子象征的就是他所面对的事情，如果他在忍不住的时候就放下，也就不会伤到自己。大多数人都很难做到适时放下，因此产生了很多的痛苦。

人生有太多的美好、太多的诱惑，但并非桩桩件件都能随自己所愿。对于未能如愿的事，人们通常会有一种执念。这种执念就像一根根刺，时不时地扎我们一下，有些人会采用压抑、内疚，甚至自虐的方式来对待它，但效果不尽人意。

在寒露节气，当我们登高望远时，也要试着告别过往，放下执念。对于这些压抑在心中的情结，我们需要的就是释放。建议你写一封告别过往的信，梳理一下自己的过去。跟那些始终放不下的经历，说声再见。

有一年的秋天，我独自走进一片树林，满地尽是金灿灿的落叶，踩在树叶上都能听到沙沙的声音。每走一步，无论走得是急促还是缓慢，树叶和你脚步接触的一刹那，都会发出或快或慢的音律。当时我就想到了一个名字——树叶禅。意思是说，当你行走在落叶上，轻轻感受你的呼吸和树叶的关系，就像大自然给你送来的天籁，越听、越想越有禅意，席地而坐，安静片刻，再做一些冥想，整个人就像游走在另一个世界中，轻松、自由、祥和。如果你有兴趣，也可以尝试一下这个方法。

赏红叶与菊花：欣赏美

寒露节气有两种美丽的自然风景——菊花与枫叶。一个黄得华丽，透露着一股雍容华贵的气质；另一个红得似火，散发出一种热烈张扬的魅力。

菊花是寒露时节最具代表性的花卉，处处可见到它的踪迹。由于接近重阳节，某些地区有饮“菊花酒”的习俗，所以重阳节又称“菊花节”。菊花的色彩，有八个大系：黄、白、黑、紫、红、绿、茶、杂。但最为人们喜欢的当属黄色的菊花。自古至今，黄色为正宗。在唐代，人们记住的吟菊诗，多半是黄巢的《咏菊》：“待到秋来九月八，我花开后百花杀。冲天香阵透长安，满城尽带黄金甲。”黄巢考试落第，站在长安城门前，惆怅之余，浩然之气让菊花扬尽名气。

除了菊花，枫叶的红也让游客流连忘返。香山红叶，闻名中外，为西山风景区中的一大奇观。香山红叶的种类很多，大面积的是黄栌树，常见的还有野槭柿、枫等。每到秋天，漫山遍野的黄栌树叶红得像火焰一般，霜后呈深紫红色。这些黄栌树是清代乾隆年间栽植的，经过两百多年的发展，逐渐形成拥有 94000 株黄栌树的林区。观赏枫叶的绝佳处在森玉笏峰顶小亭，从亭里极目远眺，远山近坡，鲜红、粉红、猩红、桃红，层次分明，瑟瑟秋风中，似红霞排山倒海而来，似乎整座山都摇晃起来了。

美丽的自然风景，让人心旷神怡。其实我们的生活中也处处可见美的踪迹，美丽的人，美丽的心灵，美丽的舞蹈，美丽的服装……这些美丽让我们追求和向往。但认识美、爱好美和创造美的能力并不是凭空产生的，而是建立在一定的知识和修养之上的。美育的用意也在于此。

美育，也称美感教育或审美教育，即通过培养人们认识美、体验美、感受美、欣赏美和创造美的能力，从而使人们具有美的理想、美的情操、美的品格和美的素养。所以，学校实施的美育，不仅仅是要教学生学会唱歌，学会画画，欣赏音乐，欣赏美术，还要培养学生的“心灵美”，使青少年具有一颗美好的、善良的、感恩的、充满爱的心灵，懂得珍惜生命，珍惜美好的事物，懂得帮助他人，懂得爱父母，爱他人，爱祖国山河，爱天地万物。①

大家都知道中国美学有八个字“外师造化，中得心源”，这是唐代大画家张璪的话，后成为中国绘画美学的纲领性命题。“造化”即大自然，“心源”即作者内心的感悟。“外师造化，中得心源”也就是说艺术创作来源于对大自然的师法，但是自然的美并不能够自动地成为艺术的美，对于这一转化过程，艺

① 叶朗：《美育是心灵的教育》，新华网，2020-11-24。

术家内心的情思和构设是不可或缺的。在中国美学看来，“心”是照亮美的光之源，没有美的心灵，就不能照亮世界万物的本真之美。

蔡元培先生曾这样认为：美育的目的在于陶冶人的感情，认识美丑，培养高尚的兴趣、积极进取的人生态度。如果一个人有幸接触过真正美好的事物，这种美好会潜移默化地在他心里生根发芽，变成他对生活的品质要求，不管他在哪里，从事什么职业，这种美好都会伴随他终生。

爱美，不是一件高冷的、难以做到的事。趁着秋高气爽的寒露时节，周末别“宅”在家中，去爬最近的山，看最近的海，感受自然之美；也可以去欣赏建筑之美、诗词之美、音乐之美、绘画之美……这些对美的感知和享受将浸润你的内心，伴随你的终生，无须刻意表现，就能轻而易举地在你的生命里发出美丽的光芒。

霜降

收心自律

和陈述古拒霜花

[宋]苏轼

千林扫作一番黄，只有芙蓉独自芳。

唤作拒霜知未称，细思却是最宜霜。

霜降，是二十四节气中的第十八个节气，秋季的最后一个节气。时间在每年公历的十月二十三日左右。

“霜降”一词最早见于先秦的《吕氏春秋》一书。在汉代《淮南子》中，已把“霜降”定为二十四节气之一。《月令七十二候集解》对霜降是这样解释的：“九月中，气肃而凝，露结为霜矣。”同样是水汽，同样因气温的变化而变化，但与依旧为水形的白露、寒露相比，“霜”已经是结晶物。所以，霜降不是天上降霜，而是表示天气寒冷，大地将产生初霜的现象。

打霜降：收心自律

时至霜降节气，此时地里的庄稼无论成熟与否，都要统统收割回家。因为霜降过后，寒气刮过，万物凋零，庄稼也会跟着干枯。正所谓“春生夏长，秋收冬藏”，春季时，万物开始生长，冬眠的动物出洞，到了霜降，该“藏”的也都要“藏”起来了。

在古人的习俗中，每年的立春为开兵之日，霜降则为收兵之日。因此，在霜降日的五更清晨，府、县的总兵和武官们，都要身穿盔甲、手持刀枪弓箭，列队前往旗纛（dào）庙[①]，向旗纛行三跪九叩的大礼。明清时，礼毕后，还会列队齐放空枪三响，然后试火炮、打枪，谓之“打霜降”，这也是收兵的一种仪式，所以叫“沙场秋点兵”。

秋季属金，对应着星空中的白虎七宿，白虎象征着杀伐与战争。在秋季之中，唯一的白色就是霜，霜就代表白虎，象征秋季的肃杀之气。所以古人一般在霜降节气操练战阵，进行围猎，并且要收兵，以顺应季节的变化。

收庄稼和收兵，都在告诉我们，霜降是一个适合“收”的节气。在心理建设中，我们与时间同行，同样要在“收”上多

---

① 旗纛：古代军队里的大旗。古代在军队出征、班师、凯旋等军事活动中多祭旗纛之神。

下功夫。收一收心性，收一收脾气，不要每件事都想去尝试，不要每个人都想去结交。

收心需要他律的约束，如制度、规则、法律的设定，都是为了让大家更有秩序、更有章法、更和谐地工作与生活。但只有他律是不够的，毕竟违法乱纪现象何时都有发生。人们还需要自律，进行自我约束。

美国心理学家劳伦斯·科尔伯格曾把儿童的道德发展阶段分为三个水平六个阶段，具体内容可参考下表。

三水平	六阶段	含义
前习俗水平（9 岁以下）	惩罚与服从定向阶段	服从权威或规则只是为了避免惩罚，此时他们还没有真正的道德概念
	相对功利定向阶段	评定行为的好坏主要看是否符合自己的利益
习俗水平（9~16 岁）	寻求认可定向阶段	道德价值以人际关系为导向，他们认为好的行为就是使人喜欢或被人赞赏的行为。倾向于按“好孩子”的标准来要求自己
	维护权威秩序定向阶段	道德价值以服从权威为导向，他们认为准则和法律是维护社会秩序的，应当遵循权威和有关规范去行动

续表

三水平	六阶段	含义
后习俗水平（16岁以后）	社会契约定向阶段	他们认为法律和规范是一种社会契约，大家可以商量决定。看重法律效力的同时，认为法律的规定并不是绝对的，可以应大多数人的要求而改变
	普遍原则定向阶段	表现为能以公正、平等、尊严这些最一般的原则为标准进行思考。在这一阶段中，他们认为人类普遍的道义高于一切

自律处于后习俗水平的普遍原则定向阶段，此时道德规范已内化为自我的良知，个体会积极主动地践行道德行为，并最终转化为个体内在的道德品格。自律的人，为人处事都遵从内心的良知。如果没有如愿完成一件事，即使没有外在规则的约束，他们的内心也会非常不安。这种良心的谴责又会驱使个体不断地反省，并在下次遇到类似事件时吸取经验，尽力做得更好。

很多人觉得自律很难，也经常为没能做到自律而懊悔。其实人不可能样样自律。一个“学霸”，每天按时学习，但不坚持锻炼，我们不能说他不自律。自律是有选择性的，若只是信誓旦旦给自己罗列一大堆任务，这个要做好，那个也要做好，这个要坚持，那个也要坚持，可能最后一项任务都完成不了，收获的只是挫败，进而觉得自己没用，陷入深深的自责当中。

我们的思维存在一种误区，那就是尽可能地把任务安排完善，这些任务都完成了，才称得上自律。其实选择一两件最重要的事，保持自律，坚持下去，已经可以胜过大多数人了。安排的事情越多，越难以完成，反而越来越放纵自己。比起做加法，我觉得生活更需要做减法。把那些实际上不必要的事情统统砍掉，留下你最想坚持的部分，会让你轻松不少。给心灵减负，也是一种自律。

很多来访者来找我做咨询，总是很急迫地寻找解决方法，“韦老师，我要做点什么才能缓解我的焦虑呢？”“韦老师，我的孩子快要考研了，我能做点什么来帮助他？”“韦老师，我和老公总是吵架，我要做点什么才能挽救我们的夫妻感情呢？”我给他们的答案就是：“你应该想想，你不做什么才能让自己感觉更好。”

在不愉快的事情来临之际，我们往往会乱了阵脚，总是觉得自己做得不够，或者做得不好。其实我们做得已经够多了，只不过我们还不自知。现在我们需要做的，就是删减，叫停一些多余的行为，让自己活得更真实、更自由。

现实生活中，我们往往很清楚自己想要的是什么，想要钱，就去努力挣钱；想要获得高学历，就刻苦学习，认真钻研。可为什么我们会觉得累，觉得苦？就是因为我们想要的太多了，而能力又没能赶得上欲望的增长速度，所以焦虑、苦恼就产生了。给生活做减法，则是对欲望的一种牵制，明确自己的底线，让我们更清楚地意识到自己想要的到底是什么，可我们往往会忽视这一点。

霜降时节，我们要做的就是收心自律。复盘一下自己大半年所做的事，挑选出自己觉得有价值且必须坚持的，坚持下去就好，那些无关紧要的事情就直接砍掉。秋天不能像春天那样信心满满，也不能像夏天那样热情似火，而是要收敛心性，收敛行为，这正是为了更高效、更和谐地生活与工作。

悲秋：缓解秋郁

霜降时节，秋风秋雨，花木凋零，自然界一片萧条之景，在人的心中容易产生悲秋、凄凉之感。《西厢记》里就有这样一段唱词："碧云天，黄花地，西风紧，北雁南飞。晓来谁染霜林醉？总是离人泪。"杜甫的"万里悲秋常作客，百年多病独登台"，柳永的"多情自古伤离别，更那堪冷落清秋节"等，都给秋季笼罩了一层伤感抑郁的氛围。

世界卫生组织（WHO）的相关数据显示，全球有超过3.5亿人罹患抑郁症，近十年来患者增速约为18%，根据估算，中国泛抑郁人数超过9500万人。抑郁症的发作与季节也有一定的关系，大约有38%的抑郁症患者，会在秋冬季节抑郁症发作，而秋季的自杀率也是全年中最高的。因此，每年的十月十日被定为世界精神卫生日。

为何秋季会更容易让人抑郁呢？

脑科学研究表明，人脑底部有一个叫松果体的腺体，能分泌一种褪黑激素，它使人意志消沉、抑郁不乐。充足的阳光能抑制褪黑激素的分泌。但入秋之后，光照时间减少，特别是碰到阴雨连绵时，松果体分泌的褪黑激素相对增多，甲状腺素、肾上腺素的分泌就会受到抑制。

甲状腺素能增强新陈代谢、促进机体发育，缺乏甲状腺素的时候，人会食欲不振、反应迟钝。肾上腺素能促进心跳、升高血压、升高血糖。若这两种激素在血中的浓度降低，大脑细胞的功能活动就要降低，精神也开始消沉，人就会变得无精打采，善感之人更会愁肠满腹。这种悲秋的情绪引起的诸多症状，也被医学研究者称为“悲秋综合征”。体弱而不好动的人，更容易悲秋。

如何缓解悲秋情绪呢？

一、科学地调整饮食

少吃油腻的食物，多吃清淡的食物，多吃水果，多喝水，适量饮绿茶或少量咖啡。玫瑰花茶、菊花茶、莲子茶都有清肝解郁的作用，长期饮用对抵制抑郁情绪很有帮助。多吃莲藕、莲子、小麦、甘草、红枣、龙眼等，这些食物有养心安神的作用，对缓解焦虑、抑郁情绪很有帮助。核桃、鱼类等含有较多磷质，也有助于消除抑郁情绪。复合维生素 B 类、谷维素等，可调节精神情绪。

二、适当增加光照可以增加快乐情绪

美国科学家研究发现，每天照射一定量的太阳光或明亮的人工光线，可以减少秋季抑郁症病人的自杀念头。当阴雨天或早晚无阳光时，应尽量打开家中或办公室中的全部照明装置，使屋内光明敞亮。人在这种光线充足的条件下进行活动，可调动情绪，增强兴奋性，从而消除抑郁情绪。

三、增加运动锻炼

常年在室内工作的人，尤其是体质较弱或极少参加体育锻炼的脑力劳动者，以及平素对寒冷比较敏感的人，比一般人更易患上秋季抑郁症。所以在此建议人们如果感到情绪不佳，不妨暂时放下手中的工作，多抽时间外出走走，进行适当的体育锻炼。专家提醒，由于体育锻炼可以提升自尊、增强自控感和刺激脑下垂体分泌内啡肽（可使人愉悦），因此，即使是在秋季，经常运动的人出现抑郁症的概率也会大大降低。

四、保持心情乐观

看到树叶枯黄、连绵阴雨，会产生低落的情绪，这是正常的触景生情。这个时候我们要学会自我调节，把悲伤控制在一个合理的限度内，而不是任由情绪泛滥。秋季除了落叶残花，还有硕果累累。在这个收获的季节，我们可以多进行户外活动，和亲朋好友多沟通多交流，使自己保持好的情绪状态。

立冬

过冬修行

立冬即事二首·其一

［宋］仇远

细雨生寒未有霜，庭前木叶半青黄。
小春此去无多日，何处梅花一绽香。

立冬，是二十四节气中的第十九个节气，冬季的第一个节气。时间大概在每年公历十一月七日至八日。

古人对“立”的解释与我们现在一样，是建立、开始的意思。但对“冬”字的解释就没那么简单了。《月令七十二候集解》对“冬”字的解释是：“冬，终也，万物收藏也。”意思是说，秋季作物到了此时已经全部收晒完毕，收藏入库，动物也已藏起来准备冬眠。立冬预示着冬季开始，万物收藏，格外清净，呈现出一种简单、凄凉之美。冬给人的整体印象就是寒冷。

迎冬：家庭犒劳会

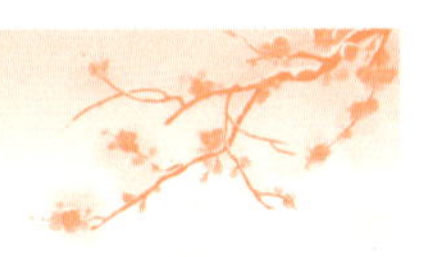

立冬与立春、立夏、立秋合称“四立”，在古代社会中是个重要节日，常有迎冬、贺冬等习俗。这一天，皇帝会率领文武百官到京城的北郊设坛祭祀。完毕后，还要赐“袄”、赐“帽”。至今，在立冬之日，不少地方也要举行仪式予以庆祝。过去我们处于农耕社会，劳动了一年的人们也会利用立冬这天休息一下，顺便犒赏一家人一年来的辛苦。

“冻笔新诗懒写，寒炉美酒时温。醉看墨花月白，恍疑雪满前村。”唐代大诗人李白的《立冬》写出了立冬时的慵懒情状。由于天气寒冷，诗人的笔头也被冻住了，刚好可以偷懒，不用写新诗了。喝喝酒，偷偷懒，欣赏这冬日的美景。

立冬后，冷空气活动开始频繁。保健专家提醒说，此时阳气潜藏，从养生的角度来看，起居调养应以“养藏”为主，建议早睡晚起，晨练的时间应适当推迟，一定要等到太阳升起、雾气消散之后。同时，要多晒太阳。进入冬季之后，天黑得早，光照时间短，易使人产生抑郁情绪，这就是因为黑夜来临时，人体大脑松果体的褪黑激素分泌增强，影响了人的情绪。此时，饮食上多吃滋阴的食物，可以开始适当进补，同时注意均衡饮食。[①]

---

① 张璋：《专家提示要注意避寒藏暖》，光明网，2017-11-08。

从心理养生的角度来说，这个季节人们不用保持昂扬的斗志，不用太过于勤奋，要按照“藏”字诀来安排生活。要注意劳逸结合，防止过度疲劳。要保持精神愉快，避免紧张、愤怒、焦虑等不良的情绪刺激。遇到不顺心的事情时，要学会调控不良情绪，通过适当方式发泄出来，但需要注意的是，心态要尽量保持平和。

在做事方面，要尽量低调。人们常说“地低成海，人低成王”。事实上，越优秀的人其实是越低调的，因为他们内心对自己有更高的要求，他们渴望自我价值实现的最大化。

心理学上有一个驱动力原理。它分为两种驱动力：外驱动力和内驱动力。外驱动力主要是外在的奖励，如获得长辈或权威的赞许或认可，或者物质上的奖励等。内驱动力是一种自动自发的成长力，这种成长的要求来自对知识的渴望与追求。当一个人具备内驱力的时候，他会不断追逐自我的成长，会不断自动对标，让自己向着目标靠近。在外人看来，他们看上去有点固执、不知变通，但这其实是大智若愚的一种表现，金庸小说中的郭靖就是典型的代表。

在立冬节气里，除了冬藏之外，我们还有一件重要的事要做，那就是犒赏一家人一年来的辛苦。具体行动是：把全家成员召集起来，表彰每个人在这一年中对家庭的贡献和努力。之后大家一起谈谈心，吃顿美食。在日常生活当中，我们可能很少跟家里人说声“谢谢”，那就趁着这次“犒赏会”，向家人表达感谢。这会给家人带来感动和温暖，让整个家庭氛围变得温馨，增加彼此的情感。

补冬：终身学习

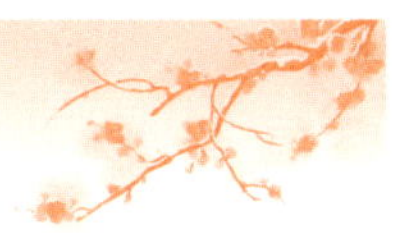

立冬后，就意味着冬季正式来临。此时，草木凋零，蛰虫休眠，万物活动趋向休止。人类虽没有冬眠之说，但中国民间却有立冬补冬的习俗。在寒冷的天气中，应该多吃一些温热补益的食物，这不仅能使我们的身体更强壮，还可以起到很好的御寒作用。

为什么立冬要吃饺子？因为饺子来源于“交子之时”。就像大年三十是旧年和新年之交，那立冬就是秋冬季节之交，故“交子之时”的饺子不能不吃。现在，我们已经逐渐恢复了这一古老习俗，立冬之日，各式各样的饺子卖得总是很红火。

传说，饺子是东汉医圣张仲景发明的。张仲景生活的那个时代，战乱频繁，人们颠沛流离。到了寒冷的冬天，饥寒交迫之下，很多人都冻坏了双耳，严重的冻疮让人们痛苦不堪，但个个施治耗时耗力，于是张仲景想了一个妙招。他让徒弟在空地上搭起医棚，架起大锅，在冬至那天施舍“祛寒娇耳汤”，给老百姓治病。

所谓“祛寒娇耳汤”，就是含有“娇耳”，喝后能祛寒的药汤。具体做法是把羊肉、辣椒和一些祛寒的药物放在大锅里煮，煮熟之后把这些原材料剁碎，用面皮包成耳朵的样子，再下锅用原汤煮熟。熟后分给病人，娇耳和药汤吃进腹中后，既有充饥的作用，又有温阳祛寒的作用，几天过后很多冻伤耳朵的人，病情都渐渐好转甚至痊愈。“娇耳”之名因各地方言不同，口口相传出现谬误，最后约定俗成，以“饺子”为最后的名称。

这个传说和典故，说明了人类要抵御自然的残酷，就要做一些准备，而立冬正是进补养身、抵御严寒的好时候。对于现代心理建设和心理养生来说，在身体进行食补的时候，心理的养分要通过学习来实现。

古人云：“吾生而有涯，而知也无涯。”当今时代，世界在飞速变化，新情况、新问题层出不穷，知识更新的速度大大加快。人们要适应不断发展变化的客观世界，就必须把学习从单纯的求知变为生活的一种方式，努力做到活到老、学到老，终身学习。

终身学习需要发挥主动性。只有把学习当成自己的事情，才能独立、认真、持续地做好学习中应该做的每件事情，解决好学习中遇到的每个问题，并对学习产生强烈的需求。在学习过程中，既要不断进行正确的自我评价，了解自己的优势，又要知道自己的缺陷，在学习受挫的时候，还要有百折不挠的勇气。

终身学习还须养成“学以致用”的习惯。观察和思考是一切智慧的源泉，只有不断地观察和思考，你才能不断发现现象背后隐藏的规律。对于方法类、操作类的学习，还要发挥动手的能力。“纸上得来终觉浅，绝知此事要躬行”，动手做一做，比单纯的“纸上谈兵”要来得更具体、更全面，也更直观。

在立冬节气，我们要抓住学习的机会，做些有利于思想心理精神提升的行为。如安排学习和阅读计划，参观文化馆、博物馆等。在阅读的时候，要多结合实际生活进行观察和思考，当我们把生活和书籍内容联系起来的时候，阅读才会更加轻松和高效。

关羽画竹：借物明志

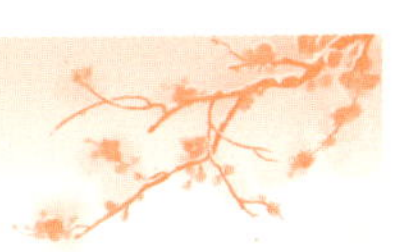

冬天是寒冷的，它是考验自然界万事万物的一个时节，也是考验人的心理品质的一个季节。我们有“冬栽竹，春种木”之说，竹与梅、兰、菊并称“四君子”，正因为它们的形象包含了君子坚韧的品格。

从古到今，我们都倡导做人要像竹子一样，重节、重信、坚韧、挺拔，不惧严寒酷暑。“关羽画竹”，就是讲述了关羽借竹明志的故事。

话说，刘备、关羽、张飞兵败小沛之后，关羽为了保护皇嫂，与曹操定三事之后留在了曹营之中。曹操知道关羽为人忠厚知礼，一心想将他收为己用，想方设法讨关羽的欢心。一个大雪纷飞的夜晚，曹操又宴请关羽，席间，赠给他一件锦袍。关羽推辞不得只能穿在身上，但外面仍穿着自己的旧袍。关羽回到住所后，想到刘备、张飞杳无音信，曹操又执意挽留，不由气闷填胸，于是手提着青龙偃月刀到院里竹丛旁顶风踏雪而舞。舞了一阵，只觉豪气贯胸，收刀伫立，不觉凝神看那丛竹子，只见竹枝在飞雪中昂首挺立，竿如长枪，叶似利箭，迎风傲雪。

关羽赞叹竹子高风亮节、宁折不弯的气质，联想到自己的处境，一时感慨万千，继而回屋铺纸研墨，寥寥数笔，一幅墨竹图赫然而成。次日，关羽派手下将此竹画送于曹操。曹操展开一看，赞不绝口，再细细察看，不由得惊出声来，原来那幅竹画上利箭一般的墨叶，正构成了一首五言诗："不谢东君意，丹青独立名。莫嫌孤叶淡，终久不凋零。"曹操心里明白，这是关羽在借竹明志。

立冬这个节气的关键词是君子。君子和而不同，是独立，是有界限，是有原则，以上都是做一名真正的君子所需要的条件。当一个人能够洁身自好的时候，那他就已步入了君子之道，而冬天恰好是一个让人冷静的季节，是一个要保护好自己的季节，当你能把自己保护起来，就意味着你拥有了实现君子目标的能力。

所谓“和而不同”，是指君子在人际交往中能够与他人保持一种和谐友善的关系，但在对具体问题的看法上却不必苟同于对方。所谓“同而不和”则是指小人习惯于在对问题的看法上迎合别人的心理、附和别人的言论，但在内心深处却并不抱有一种和谐友善的态度。

在日常生活中，人们对某一问题持有不同的看法，这本是极为正常的。真正的朋友应该通过交换意见、沟通思想而求得共识，即使暂时统一不了思想也不会伤了和气，可以通过时间的检验来证明谁的意见更为正确。因此，真正达成君子之交的两人并不寻求时时处处保持一致的想法，而能容忍对方有其独立的见解，并不去隐瞒自己的不同观点，这才算得上赤诚相见、肝胆相照。

生活中，很多人都在经历着“冬天”，准备要去做一个缓冲和积累，要重新孕育，重新积蓄能量。但是这个时候如果我们不做一些设置，把自己先保护起来，就会受到伤害。所以，作为一名负责任的心理咨询师，必须要有完整的心理咨询设置，并严格遵守这些设置。因为它不仅仅有助于提高个人的助人能力，有助于完善自我人格，更是保护来访者的一种表现。通过这些严格的设置，我们能够客观地评价自己的能力，对自己有更清晰的认识，知道在什么样的情况下才能够最大化地发挥自己的力量，最大化地激发来访者本身的力量，给予来访者有效的帮助，避免来访者在与咨询师沟通时因某些因素而受到新的伤害。

立冬节气，可以做一些自我设置。“君子和而不同”也向我们道出了生命的真谛：只有分清楚边界，做好人生中的设置，才会拥有独立的自我，和他人相处起来也能保持和谐、融洽的关系。建议大家可以学古人画竹，以培育我们的心理品格。

小雪

爱与被爱

小雪

[唐]戴叔伦

花雪随风不厌看，更多还肯失林峦。

愁人正在书窗下，一片飞来一片寒。

小雪，是二十四节气中的第二十个节气，冬季的第二个节气。每年公历十一月二十二日或二十三日，太阳到达黄经240° 时为小雪。

小雪，是指降水的形态。《月令七十二候集解》云：“十月中，雨下而为寒气所薄，故凝而为雪。小者，未盛之辞。”意思是说小雪时节，天气变得寒冷，降水形式由雨转化为雪，但降雪量还不大。由于地面温度还不够低，下的雪落到地面就即刻融化了。

雪是水变为固态的一种形式，是水汽在空中凝结再落下的自然现象。水与爱都是人类生命之源，人们也喜欢用水来象征爱。从某种程度上来说，雪也可以被视为爱的一种凝结。这个节气，我们可以去检查和提升自己爱与被爱的能力。

爱的能力

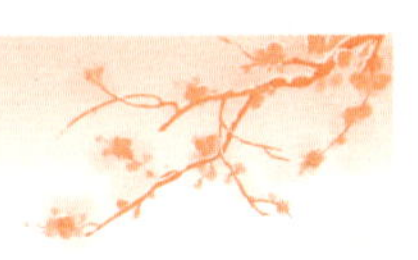

“小雪雪满天，来年必丰年”这句话蕴藏着三层意思：第一层是小雪节气落雪，来年雨水均匀，无大旱、大涝的可能性；第二层是下雪可冻死一些病菌和害虫，来年庄稼受到病虫害的情况将得到减轻；第三层是积雪有保暖的作用，这将大大利于土壤的有机物分解，以此增强土壤的肥力。这时的降雪，是小雪时节，大自然对土壤、庄稼的保护与爱。

在二十四节气中，有几个和降水有关的节气，它们分别是：雨水、谷雨、白露、霜降、小雪、大雪，它们是雨水的不同表现形式。同样地，我们可以这样理解，爱也是可以有不同的表达和表现形式的。

在我们的传统文化中，人们喜欢用水来代表爱。自然界的雨水滋润着自然万物，正所谓“利万物而不争”；来自人们内心的爱意也如心灵的雨水一样滋润着人们的内心，给予他人和社会温暖与关怀。

埃里希·弗罗姆曾这样定义爱：“爱，是人的一种主动的能力，是一种突破人与人之间分隔屏障的能力，一种使人和他人相联合的能力。爱使人克服了孤独和分离的感觉，但爱允许他成为他自己，允许他保持他的完整性。”

一个爱的能力较强的人能够准确地了解、感悟、体会对方对自己爱的表达，并能够很好地予以回应。具体来说，具有爱的能力的人，对自己所爱的人要有付出的能力、理解的能力、宽容的能力和自我承担的能力，虽然所爱之人可能不会为自己分担，但他仍会独立面对这一切，不会怨天尤人，也不会自怨自艾。

爱别人不是举手之劳，也不能一蹴而就，需要耐心和长期不断地付出。然而，当今社会发展迅速，生活节奏日趋紧张，人们越来越缺乏耐心，也容易失去爱的能力。

举个例子，倾诉是自我疗愈的一个典型的有效途径。当一个人在生活中遇到困难或不如意的事情时，他是需要倾诉的，倾诉能够发泄他当下的负面情绪。即使现实的困难仍然存在，但是倾诉能让人重新振作，有能力去应对面前的困难。如果这个倾诉者是我们的朋友，那么此时我们就需要通过倾听来帮助朋友达到自我疗愈的目的。

可是在现实生活中，能够真正做到倾听的人并不多。

通常在一开始的时候，我们可以静静地倾听，但是很快，也许仅仅几分钟，我们就开始发表自己的评价，给朋友提建议、讲道理。我们固执地认为积极给朋友出谋划策，费心费力地劝导，就是在关爱朋友。然而，真正的爱是需要耐心的，我们没有耐心倾听朋友诉苦，也没有真正接纳朋友的感受，甚至还有可能对朋友造成二次伤害，这怎么可能是爱呢？

真正的倾听应该是将“叫停”的控制权交给倾诉者，无论他倾诉的时间有多长，只要倾诉者没有达到宣泄的目的，就不去阻止。除非倾诉者要求我们给出建议，否则不擅自发表评价和建议。

爱的能力听起来似乎是一个抽象的、空泛的概念，但具体到人与人的关系上，爱的能力就是交流中的倾听，互动中的接纳。我们用真诚的内心，化作一床被子，像小雪盖住植物一样，给别人以温暖，这种温暖一旦送达，就会给他人的生命带来巨大的变化。

罗曼·罗兰曾说：“世界上只有一种真正的英雄主义，那就是在认清生活的本质之后依然热爱生活。”这就像大自然的雨水，即使自己遇到了寒冷的天气，被变成了雪花，也还可以为自然万物提供爱的保护。这才是爱的本质，即使自己遭遇严冬，还可以给他人和这个世界以温暖的回应。

小雪节气正是检视和提升自己爱的能力的好时机。在别人正需要爱意的时节，我们去给别人送上温暖，这就是雪中送炭。雪中送炭远远要比锦上添花好。所以，在别人真正需要的时候给别人一床“雪被”，让对方感受到温暖，这才是真正的爱的能力。

被爱的能力

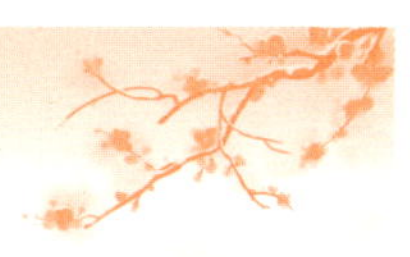

以前，在小雪节气时，人们就开始准备各种御寒衣物、

手炉、汤婆之类，同时房内挂棉帘以防寒。此时，家家户户开始腌制、风干各种蔬菜（包括白菜、萝卜）及鸡鸭鱼肉等，延长蔬菜、肉类等食物的存放时间，以备过冬食用。有的人家还会烧糯米储存。

天气寒冷，人们可以准备衣物、菜肉等来御寒；而心理寒冷，遇到棘手问题时，我们就需要发挥自己被爱的能力。

每个人天生都有被爱的能力，然而并不是每个人都会运用被爱的能力。

被爱的能力，源自对自我价值的认可，源自对爱我们的人的欣赏和感激。一个缺少自我价值感的人，很难真正感受到被他人所爱和眷恋，常常处在焦虑和担心之中，随时害怕失去对方。

心理学家约翰·鲍尔比曾做过相关的解释：如果孩子在早期与父母的关系中感受到爱与信任，他就会觉得自己是可爱的、值得信任的；但如果他的依恋没有得到满足，他就会对自己形成一个不好的印象，这种关系模式常常会一直延续到其成年阶段，进而深刻地影响到他的爱的关系。

积极心理学之父马丁·塞利格曼在《真实的幸福》一书中写过这样一段经历：桥牌大师鲍比·尼尔因为慢性骨病而严重残疾，任何行动都需要别人的帮助。但是这位桥牌大师并没有因为别人的帮助而面露窘色，相反他欣然接受，并报以真诚的谢意。你丝毫感觉不到他的自卑与反抗，反而能看出他觉得自己是值得的。马丁·塞利格曼把这种魔力解释为“被爱的能力”。

其实被爱也是需要能力的，但人们常常只关注爱的能力，忽视了被爱的能力。有关调查显示，有一成左右的成年人有明显的不安全感。他们对他人不信任，难以享受被爱的感觉，经常担心对方会离开自己，结果往往由于自己强烈的占有欲和控制欲把对方吓跑。

在我看来，能不能主动向他人求助，也能反映一个人被爱的能力。现实生活中，有一些人际关系不良的人，他们的问题不是不懂得感恩，而是没有求助的能力。没有求助能力的原因归结起来有以下两种。

一、害怕被拒绝

我们在求助之前，会在心里揣摩他人是不是愿意帮助自己，如果觉得这个人会帮自己，就会向这个人求助；相反，如果觉得这个人不会帮助自己，就不会浪费时间、浪费感情向他求助。有些人害怕被拒绝，所以就不愿意向他人求助。其实，当一个人沉浸在被拒绝的恐惧中时，也就失去了得到帮助的机会。

二、不愿放低身段，无法示弱

我们的民族文化推崇“天行健，君子以自强不息”，因而很多人觉得依靠他人成事则成了“无能”之举。民间有句谚语是“人到无求品自高”，有意无意之中将求助列为“品下”之举。施助者高，求助者低，是普遍存在却又往往被忽视的矛盾。

受文化的影响，在日常生活中，有些人则认为张口求人会显得自己很没有能力、很失颜面。除非遇到万不得已非求人解决的事情，他们一般是不会向别人求助的。但实际上，示弱并不是否定一个人的价值，一个人无论多有能力，总有做不到的事情。人的价值不会因为对一件事无能为力而被全盘否定。

不放心把事情交给别人去做，总担心他人做不好——这种属于心理上控制欲比较强的人。他们追求完美，总担心别人做的达不到自己的预期，什么事都亲力亲为。从心理层面来讲，控制欲强恰恰是缺乏安全感的表现。事实上，谁不渴望遇到麻烦之时有一双援助之手呢？但是由于这样那样的顾虑、担忧，我们把自己的渴望压抑了下来，逼迫自己强大，强迫自己独立。

我曾带过一个叫“我需要你”的团体。在团体中，我把组员分为两队：帮助他人的人和需要被帮助的人。被帮助的人找到一个自己最近遇到的问题，闭上眼睛，然后大声喊出自己的问题，要一直喊，直到有人愿意停下来帮助他。

环节结束后，有的成员分享说：“我在生活和家庭中，一直充当着帮助别人的角色，其实我也很需要别人的帮助。但是当老师说要把自己的问题大声喊出来的时候，我一直喊不出来，怎样也喊不出来，我一直咬着嘴唇，不让自己喊出来。平时我就是这样压抑的，一直都在扮演帮助者的角色，忽视了自己也很需要帮助。”

也有人说：“我很需要让别人来爱我，但是我又很害怕让别人知道我这么脆弱。所以一开始的时候，我不敢开口，但当我听到其他人都喊出来的时候，我才鼓起勇气把自己内心积压了很久的想法，大声地说了出来。”

这些成员的分享正折射出了一部分人的心态：我们认为求助是弱者的行为，会被别人看不起。正因为如此，我们一步步地把自己锻炼成了“强者”。但成为强者之后，我们并不是开心的，因为我们不允许自己软弱，我们放弃了软弱的资格，这让我们感受到了莫大的压力和孤独。

柔与刚、弱与强、阴与阳，本身就是不可分割的。只准有刚强，不能有软弱，是违背自然规律的；只能自己帮助人，不能自己求助人，也是不科学的。这种违背规律的行为，自然不能给人带来持久的心理享受。

人生的幸福追求，也无疑是这两点——爱和被爱——的兼具。求助别人就是一种被爱的需要，帮助别人则是一种爱的需要。我们每个人都有一套社会支持系统，寻求帮助是一种能力，而不是一个弱点，我们需要得到别人的帮助来克服人生的困境。小雪节气正是检视和提升被爱能力的好时机，我们可以尝试向一些我们平时不愿意求助的人发出求助信号。

我曾经创立了一个“感恩求助”的心理咨询技术。此技术旨在感恩那些曾经向我们求助的人，感谢他们让我们有付出爱的机会，让我们感觉到自身存在的价值。现在换成我们向他们求助，在倾听对方情感变化的同时，也能感受到作为求助者的内心波动，使我们在爱和被爱的空间内自由切换。我觉得这个技术很适合小雪节气的心理养生主题，有兴趣的朋友可以尝试操作一下。以下为技术的具体操作流程。

1. 在一个安静的环境中，坐下来，轻轻地闭上眼睛。仔细地回想一下，自己过往的生命旅程中，有没有一个人曾经向你求助，让你有给予爱的机会，有体现自己价值的机会。你一直有一些话想对对方说，却又一直没有说出口。

2. 想一件他可以帮你的事情，可以是很小的请求。例如母亲对自己的孩子说“请你帮妈妈倒杯水”，哥哥对弟弟说“我遇到很难拿主意的事情，想听听你的意见”。在心中确定一件这样的事情。

3. 想象这个人站在你的面前，跟他表达你遇到的困难，说明你自己的意愿，倾听他的回应。

4. 仔细体会你的整个心理过程，可以的话将这段心路历程记录下来。

5. 找一个恰当的时机，将对方约出来，当面说出自己的请求，请对方帮助自己。

6. 完成这件事之后，请对方分享收到你的请求时的感受，同时你也需要分享请对方帮忙时的整个心理过程。

大雪

纯真无瑕

白雪歌送武判官归京（节选）

［唐］岑参

北风卷地白草折，胡天八月即飞雪。
忽如一夜春风来，千树万树梨花开。

大雪，是二十四节气中的第二十一个节气，冬季的第三个节气，时间是每年公历十二月七日或八日。

《月令七十二候集解》对大雪节气的解释是：“大者，盛也，至此而雪盛也。”到了这个时段，雪往往下得大、范围也广，故名大雪。老话说“大雪半融加一冰，明年虫害一扫空”，雪的降临，不仅仅是降水形态的变化，对大地而言更是装扮，是呵护，是滋养，是一种纯真的安静。

大雪：净化心灵

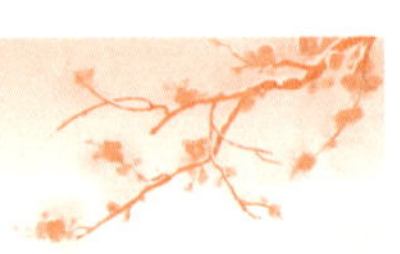

俗语道：“瑞雪兆丰年。”大雪往往预示着下一年的好收成，

这是因为雪水具有“特异功能”。雪花中心的凝结核包括宇宙尘埃、烟尘、盐屑、氮化物、氢化物等。其中氮化物可以和地上的酸类化合成各种盐类，变成农作物的氮肥。据资料显示，一升雪水中，含氮化物 7.5 毫升，是一升水中氮化物含量的 5 倍。

雪还能防寒、保温。因为冬季天气冷，下的雪往往不易融化，盖在土壤上的雪是比较松软的，雪花和雪花之间留有空隙，空隙中充满空气，空气又具有不良的热传导特性，从而使土壤中的热不易散发出去，同时还阻止了寒气入侵土壤，从而保护作物免受更低的温度侵害；到了融雪结冰时期，又可以使土壤中的一部分害虫被冻死。

雪，晶莹洁白，一直是纯洁无瑕的代表。自然可以通过大雪得到净化，心灵的净化则需要自省。古语云：“人非圣贤，孰能无过。”我们在人生历程中难免犯错误，尤其是在青年时期，由于血气方刚，容易冲动，再加上涉世未深，更加容易犯错误，做出一些有损于他人的事情。而这一类错误通常会引发我们的内疚感，使自己陷入负面情绪的体验中。

内疚是一种非常重要的自我意识情绪，同时也是一种道德情感。内疚感指的是个体由于违反了社会规则，或因自己的行为对他人造成了伤害，而产生自责、不安并伴随强烈负面情绪体验的心理状态和过程。[①] 一个缺乏内疚感的人，不易对自己

① 冷冰冰，王香玲，高贺明，李富洪：《内疚的认知和情绪活动及其脑区调控》，《心理科学进展（月刊）》，2015，23(12)：2064—2071。

的过错进行反省，也很难认识到自己的错误并改正错误，更不会因为自己的错误而做出弥补性的行为，这将阻碍他们良好道德品质的形成及责任心的发展。

很多人分不清楚内疚与羞耻的区别，这里简单介绍一下。与内疚一样，羞耻也是一种体验到痛苦的自我情绪体验，这种情绪体验也会引导个体惩罚自己。但是两者却有本质的区别。内疚感是针对他人的。比如我做了一件不好的事，让别人受到了伤害，我感受到了他人的痛苦，由此引发了我良心上的反省。而羞耻是针对自己的，如我没有遵守规则，周围人都来指责我，说我没规矩、没修养，他人的负面评价很让我难为情，我会觉得很羞耻。在一定程度上，内疚是具有积极意义的，它可以很好地促进个体道德品质的形成及责任心的发展。但羞耻感却是一种典型的消极体验，有可能引发个体的心理疾病。[①]

早期我做心理咨询时创立了一些技术，有人跟我说："韦老师，某某老师的某某技术跟你的很像，不过我觉得你的比较好。"当时我才二十几岁，听到这样的话也不会多想，脱口就跟对方分析，我的技术的好处有哪些，某某老师的技术的缺点有哪些。说者无心，听者有意，后来遇到了某某老师，我发现我的话全都传到了他的耳朵里。当时我觉得非常内疚，对那位老师感到抱歉。不过那位老师并没有怪罪我，反而很谦虚地向

① 王玉龙，陈慧玲，覃雅兰等：《青少年自伤行为的自我惩罚功能：源于内疚感还是羞耻感？》，《心理发展与教育》，2019,35(2)：8。

我讨教，这令我更加不知所措。

当时，因为我一时自恋与自大，口不择言，说错了话，而其实类似的错误也发生过不止一次，现在回想起来，我真的觉得很惭愧。自从那次事件后，我就时常自省，分析自己的言语是否伤到了别人，琢磨自己的行为是否恰当。慢慢地，我也发现我的言行不再那么冒失了，这也是一个很大的进步。

再跟大家分享一件事。有一年大雪节气，我拨通了一个电话。电话那头的人是我曾经伤害过的人。当时我由于爱面子，明知自己错了，也不肯低头，之后我们再也没有联系过。两三年过去了，这件事仍像刺一样时不时刺痛我，让我安心不下。终于在那年的大雪节气，我鼓足勇气拨通了他的电话，在电话里我表达了这几年的内心情感及歉意。他大吃一惊，没想到我会主动给他打电话。他觉得自己也有做错的地方，应该是他主动跟我打电话道歉才对。不过既然我已经把电话打过来了，他也就同时向我表达了歉意。当我们双方都把话说通了之后，我们的友情也找回来了。

其实每个人每年都会遇到很多让自己感到内疚的事。当我们把内疚感消除之后，内心是会更坦荡的。在大雪节气这天，我们不妨仔细反思一下自己在这一年中所做的让自己感到内疚的事情，把积压在内心的歉意释放出来，摆脱那些难以启齿的经历，使心灵得到净化。

道歉的形式可以有很多种，这里列出几种，大家可以参考一下。

1. 发送道歉短信。可通过QQ、微信、手机短信的形式发送。

2. 直接道歉。做错某件事或说错某句话后，可以开诚布公地直接用“对不起”“我错了”等话向对方道歉。

3. 请别人代为道歉。如果自己不便于出面，可求助于第三方。可以将自己的歉意转达或者暗示给你们双方都熟悉的另一位朋友，请求其为你向对方表达歉意。

4. 书面道歉。你可以给对方写一封道歉信或邮件，表达你由衷的歉意。

5. 反思道歉。假若你认为有人冒犯了你，而对方没有致歉，那你应该思考自己是否有做得不足之处，主动与对方沟通，对你的错误行为表示歉意。

6. 补偿式道歉。给对方送点小礼物，请对方一起吃饭等。

7. 沉默式道歉。把一件小礼物悄悄地放在对方经常接触的位置上，这也是所谓的“此时无声胜有声”的道歉方式。

赏雪玩冰：重温童趣

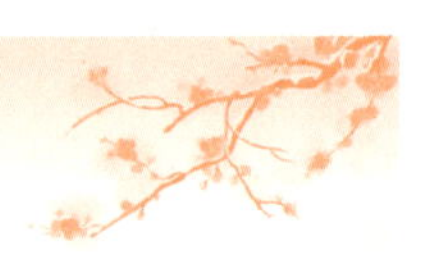

“忽如一夜春风来，千树万树梨花开。”每到大雪时节，北方大地上经常是一片银装素裹。这时候最高兴的应该就是小孩子了。他们纷纷走出屋外，溜冰、堆雪人、打雪仗、滑雪，尽情享受冰雪世界的乐趣，给这万木凋零的冬季增添了生机与活力。

宋代，赏雪就已成为市井生活的一部分。宋代文人吴自牧在《梦粱录》中写道：“豪贵之家，如天降瑞雪，则开筵饮宴，塑雪狮，装雪山，以会亲朋，浅斟低唱，倚玉偎香。”

古代的文人雅士也爱赏玩雪景，在赏玩的同时，他们还会踏雪构思诗篇、文章，以抒发自己的情感。相传大诗人杜甫、孟浩然等，都曾冒着风雪，骑着驴子，晃晃悠悠地徘徊在灞桥上，搜索诗肠。[①]

赏雪玩冰自古以来就是大雪节气习俗的重要组成部分，但现在很多人却迫于眼前的生计而忽视了这份闲情。现在，在孩子们的感染和媒体的宣传下，我们又重新拾起丢失的童趣，走出空调房，穿上肥厚的羽绒服，像儿时那样无所顾忌地对着伙伴们丢出雪球，在雪地里狂奔，用小棍在雪上随意涂画，还堆起了造型奇特、表情多样的雪人、雪怪。童年的快乐就是这么简单纯粹。

但我们曾经玩过的很多游戏，都逐渐被网络游戏替代了。随着时代的变迁，那些游戏可能会完全消逝，但我们对此的宝贵回忆，那些开心的日子，是什么也替代不了的。当我们忙于生存和发展时，偶尔重拾童年的乐趣，也不失为一次休闲和欢

① 矫友田：《二十四节气》，山东城市出版传媒集团·济南出版社，2018 年，第 89 页。

乐的机会。在这个白雪皑皑的节气里，我们不要辜负这段难得的时光，一起到户外堆雪人、打雪仗吧。

大雪：浪漫时刻

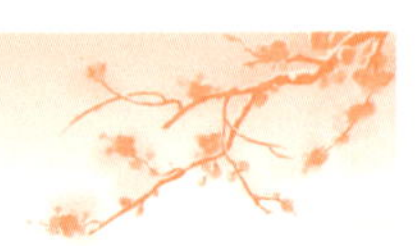

“愿得一心人，白首不相离”，卓文君的这句诗写出了世人对纯真爱情的渴望；“我能想到最浪漫的事，就是和你一起慢慢变老，一路上收藏点点滴滴的欢笑，留到以后坐着摇椅慢慢聊”，歌曲《最浪漫的事》唱出了无数有情人心中的梦想，和心爱的人慢慢变老也是最大的幸福。这和卓文君所抒发的爱情观并没有本质的区别。这也说明，我们从古至今都在赞扬和追寻浪漫的爱情。

大雪节气，在我看来是一年中最有诗情画意的节气，有着比春秋更浪漫、更纯洁的意境。“忽如一夜春风来，千树万树梨花开”，大雪的浪漫与纯洁最容易让人把它和爱情联系在一起。“我寄白雪三千片，君报红豆应以双”（张泌）；“大雪纷纷何所有，明月与我何相见”（李白）；“难相见，易相别，又是玉楼花似雪”（韦庄）……这些诗句中，都是将大雪与相思离愁联系在一起，从侧面烘托了恋人相聚的难得。

每个人都渴望另一半是陪自己走到生命尽头的人，白头偕老是爱人最真诚的告白。然而在现实生活中，“失陪族”正在慢慢壮大。南方周刊曾发表过一篇名为《失陪者》的小短文。文中提到，有高达 74.4% 的人群平均每天陪伴伴侣的时间不足一小时，七成以上女性因为长期缺少陪伴而缺乏幸福感，50% 的人在忙碌过后面对伴侣时表示不想说话……

令人遗憾的是，现代很多人不仅陪伴伴侣的时间不够，陪伴质量也令人担忧。网上有一句流传很广的话："世界上最遥远的距离，莫过于我们坐在一起，你却在玩手机。"手机的发明让世界的距离"缩短"了，却让人与人之间的"距离"变得遥远。它让分处地球两端的两个人可以轻松对话，却让面对面的两个人忽视了彼此的存在。有多少夫妻让这句话变成了现实：好不容易有了休息时间，结果你打游戏我看剧，就算到了吃饭时间也停不下来。当然，我并不反对娱乐休闲，但要有个度，"游戏比伴侣重要"这种态度和行为，更是要不得的。

艺术家摩西奶奶曾说："陪伴是最好的爱，可以抵挡世间所有的坚硬，温暖生命所有的岁月。"夫妻关系的经营更是如此，没有什么比温馨的陪伴更让人觉得长情了。在唯美的大雪时节里，我们不妨多花点时间陪伴爱人，两人携手在雪地里漫步，或者两人静静看窗外的雪，聊些温馨的话，感受彼此的爱与柔情。

冬至

数九寒天

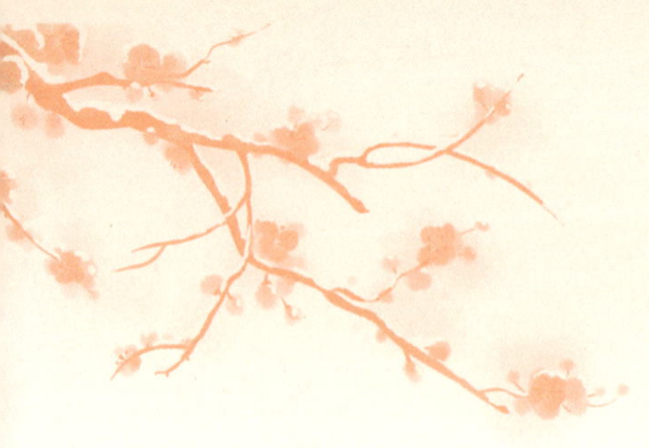

辛酉冬至

[宋] 陆游

今日日南至，吾门方寂然。
家贫轻过节，身老怯增年。
毕祭皆扶拜，分盘独早眠。
惟应探春梦，已绕镜湖边。

冬至，是二十四节气中的第二十二个节气，也是冬季的第四个节气，时间在每年公历十二月二十二日左右，此时太阳光线直射南回归线，阳光在北半球最为倾斜。

《月令七十二候集解》曰："冬至，十一月中，终藏之气至此而极也。"冬至这天是北半球一年中白昼最短、黑夜最长的一天，过了这天，北半球的白天会一天天变长。冬至是二十四节气中最早确定的一个，早在两千五百多年前的春秋时代，我们的祖先已经通过用土圭观测太阳，测出了这个节气。

贺冬与祭祖：家庭文化传承

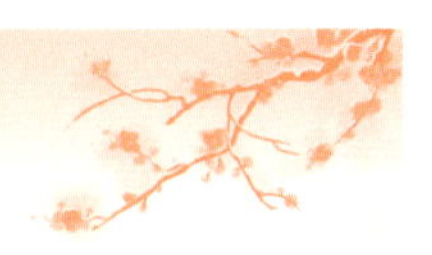

冬至，又称冬节、亚岁、长至节等，兼具自然与人文内涵，既是二十四节气中一个重要的节气，也是中国民间的传统节日。古时，冬至曾是我们中国人的“年”。相传，黄帝把冬至日作为岁首，称为“朔旦”；周朝也以冬至所在的十一月为岁首，以冬至日为一年的开始。故而在我国民间，至今还有“冬至大似年”的说法。

古人认为自冬至开始，天地之间的阳气渐强，下一个循环开始，是大吉之日，应过节庆贺。这天文武百官在朝贺皇帝之后，还要相互朝贺。在民间，子女要在这天给父母贺冬或拜节。冬至节的晚饭，一如除夕的年夜饭一样隆重，全家人须到齐才吃，万一有人外出实在赶不回来，也会给他们留碗筷。

冬至也是传统的祭祖节日。祭祖源于祖先崇拜，是古时人们形成家族凝聚力的精神支柱。封建社会门第风气盛行，大家族都会营建祠堂，昭示家族的美德和功业，体现家族先人的道德境界或丰功伟绩，同时鞭策后人努力并通过各种宗族活动产生宗族凝聚力。在唐、宋时期，冬至是祭天祀祖的日子，皇帝在这天要到郊外举行祭天大典，百姓在这一天要向祖先进行祭拜。另外，各家除了要祭拜自己的直系祖先之外，凡有祖祠或祖庙的都要合族举行祭祀典礼，称为祭冬。

冬至的祭祖与团圆饭，都属于家庭文化的传承。家庭文化是指家庭价值观念及行为形态的总和，包括家风、家训、家谱、宗祠等文化内容。夫妻关系、亲子关系、家庭团结、两性地位、对长辈的责任等也都属于家庭文化的内涵。

家庭文化可以塑造家庭的核心价值，可以让家庭中的人传承家族品质，形成自己的人生观、价值观。

对于孩子来说，基于智力发展这一生理发育规律，人的智力形成是在幼儿时期，而这一时期幼儿的主要生活环境就是家庭。因此在思想价值观的建立上，家庭教育是占据重要地位的。韩国教育家研究发现，一个人 3 岁时的生活习惯和智能就已经形成了 50%，到 6 岁左右增加到 80%，余下的 20% 在 20 岁左右形成。

家庭文化对于人的性格、人的社会行为都有着巨大的影响，一个人在家里养成的行为和习惯直接影响他在社会中的表现。无数事实表明，一个不尊敬父母的人也很难尊重别人，一个生活方式庸俗、生活格调低下的人，其社会行为也可能不佳，古往今来，基本如此。为了培养家庭成员良好的行为习惯，一些家庭还制定了家训。

现如今，家风的重要性不断得到强调。我们也应该认识到：无论时代发生多大变化，无论生活面貌发生多大变化，我们都要重视家庭建设，注重家庭、注重家教、注重家风。

一个拥有良好家庭文化的家庭，一定是夫妻恩爱、亲子相处融洽，与邻里关系和谐的。这样的家庭不但会有持久的生命力，还会在整个家族的发展中起到不可估量的作用。在冬至这个充满家庭文化气息的节气里，我们可以梳理自己的家庭文化，具体就从以下四个方面入手。

一、中止不良“遗传”

每个人从原生家庭中脱离出来时，必定带有原生家庭的烙印。

面对原生家庭里的不良文化的“遗传”，我们要学着去修正，避免影响下一代。

二、完结心理仪式

家庭仪式可分为正式家庭仪式和非正式家庭仪式。正式的家庭仪式主要是为了让成员接受传统文化和家庭文化的熏陶，如祭祖等活动；非正式的家庭仪式主要是增加家庭成员间的情感连接，实现教育功能，如家庭聚会等。

三、树立核心价值

家庭核心价值，作为家庭文化的“根源所在”，每时每刻都在影响着家庭观、婚恋观、亲子观、敬老观、亲属观、伦理道德观等的形成，进而延伸并培育出相应的家庭文化、生活和文明。孝道、关爱、民主、责任、利他等都是家庭中必不可少的核心价值。

四、维护家庭动力

家庭动力强调家庭成员动态的互动过程。有研究发现，有焦虑障碍的孩子，其家庭气氛倾向于沉闷、敌对；与之相反，家庭功能良好对孩子的人际关系、适应能力和择业方面都有积极的影响。[①]

可能有些人觉得这四个方面都太理论化，让人无从下手，这里给大家提供一个生活化的操作：在冬至节气，家庭成员可以一起绘制家庭关系图。建议选用一张大型白纸，按照家庭成员数，分出相应的板块，每人在自己板块中作画，绘制对象最好是其他成员，如孩子画妈妈，妈妈画爸爸。作画完成后，就形成了一幅完整的家庭图，这时成员可以各自分享一下绘制成员画像时的想法，而其他成员进行回应。

① 李沙沙，陈一心，詹明心等：《家庭动力学理论、评定与应用》，《中国心理卫生杂志》，2012，26(4)：5。

数九习俗：画心写心

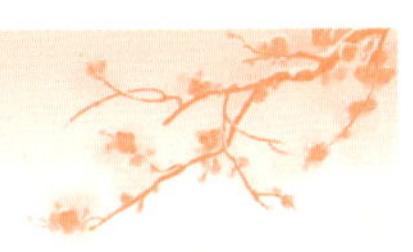

冬至过后，各地都进入了一年中最寒冷的阶段，人们盼望寒冷的冬天赶快过去，风和日丽、百花盛开的春天早日来临，于是便创造出了“数九”这一独特的民俗形式。

关于“数九”习俗的文字记载，最早见于南北朝时期梁朝宗懔所著的《荆楚岁时记》，距现在已有一千四百多年的历史。据专家考证，中国至迟从北宋开始，“数九”习俗便已风靡。之后渐渐有了各地版本的《数九歌》，有了各种画法的“九九消寒图”。[①]

所谓“数九”，就是从冬至这天（也有从冬至后一日）开始计数，每隔九天为一个“九”，共九个九天，合计八十一天。“数九”，具有“九九归一”的意味。“九”为数位中最大者，又是阳数。冬至以后，阳气上升，“数九”意味着阳气上升的高度。“九九”双阳，寒气消尽，春天来临。这是先民以“数九”记述季候变化的思想根源。[②]

我国北方流传最广的一首《数九歌》是这样的：“一九二九不出手；三九四九冰上走；五九六九沿河看柳；七九河开，八九雁来；九九加一九，耕牛遍地走。” 西南区域流传的是：

① 宋英杰：《二十四节气志》，中信出版集团，2017 年，第 285 页。

② 矫友田：《二十四节气》，山东城市出版传媒集团·济南出版社，2018 年，第 96 页。

“一九二九怀中揣手，三九四九冻死老狗，五九六九沿河看柳，七九八九脱了衣衫走，九九八十一，农民田中立。”

明、清时期，有人发明了“九九消寒图”这种室内游戏，给寂寥的冬季平添了一抹闹意。其中流传最广的要数“梅花消寒图”和“文字消寒图”。

梅花消寒图，也称“画九”。具体画法是：从冬至这天起，画一枝素梅，枝上画梅花九朵，每朵梅花九个花瓣，共八十一瓣，代表“数九天”的八十一天，每朵花代表一个“九”，每瓣代表一天。每过一天就用颜色染上一瓣，染完九瓣，就过了一个“九”，九朵染完，温暖的春天也就来了。

文字消寒图，也称“写九”。具体写法是：选每字九画的九个字，每一画代表一天，每字代表九天，九个字就是九九八十一天。用双钩空心字体把这九个字画到一张纸上，每过一天，用色笔填实一画，等九个字都描完，春天就来了。如常用的九个字是“亭前垂柳珍重待春风”（“垂”字中间的“艹”写成左右两个“十”；“风”用繁体“風”），连成一句话，还能表现出人们熬冬盼春的急切心情。

从心理建设和养生的角度讲，我们可以参考梅花消寒图来进行情绪调节，简称“画心”。众所周知，颜色对人的心理和生理影响很大。研究表明，在一般情况下，红色表示快乐、热情，使人情绪热烈、饱满，激发爱的情感。黄色表示快乐、明亮，使人兴高采烈，充满喜悦之情。绿色表示和平，使人的内心有安定、恬静、温和之感。蓝色给人以安静、凉爽、舒适之感，使人心胸开朗。灰色使人感到郁闷、空虚。黑色使人感到庄严、沮丧和悲哀。白色使人有素雅、纯洁、轻快之感。总之各种颜色都会给人的情绪带来一定的影响，使人的心理活动发生变化。

我们可以按照每天的心情对梅花涂以不同的色彩，这是对情绪的觉察，也是引发我们进行情绪管理的时机。当你连续一星期涂得都是灰色，你就要进行适当的情绪调整了。有研究表明，90% 的疾病源于情绪，准确来说是源于情绪得不到表达，得不到释放和宣泄。

美国科学家艾尔玛曾做过一个实验，将人在不同情绪下呼出的气体，放到 0℃的环境下进行液化。结果发现人在情绪好时呼出的气体，液化后变成无色透明的液体；人在愤怒时呼出的气体，液化后变成带有颗粒的紫色液体；而人在悲伤时呼出的气体，液化后变成了带有沉淀的白色液体。科学家又进一步将人在愤怒时呼出的气体液化后的紫色液体注射入大白鼠体内，发现大白鼠在几分钟之后死亡。这个实验结果告诉我们：愤怒、悲伤、抑郁等负面情绪的“毒性”相当大。[①]

消极情绪或积极情绪并不是每一个人的专属。七情六欲每个人都会体会到。高兴的事情，大家都乐于接受；面对悲伤的

① 韦志中：《积极心理学：中国人的 68 堂幸福实践课》，台海出版社，2019 年，第 21—22 页。

事，有些人伤感一阵子后就会重新站起来，但有些人却整日愁容满面，闷闷不乐。为什么会出现这种情况呢？表达是主要因素之一。悲伤的情绪找到了宣泄口，就会得到疏通，心情也会渐渐变得顺畅起来；如果得不到宣泄，消沉的情绪就会一直聚在心中，不仅侵蚀我们的心灵，还会污染积极情绪的“活泉”。所以，消极情绪需要表达，也必须表达出来。

当然，除了“画心”，我们也可以“写心”，即写心情日记。梅花消寒图是通过颜色来管理情绪，而心情日记则是直接用文字来表达情绪。写日记是管理情绪很好的方式之一。

有研究表明，每天坚持写日记能够带来意想不到的效果。心理学家本尼曾经做过一项实验，他要求实验者连续四天，每天坚持十五分钟，匿名写下自己最痛苦的经历。他对参加实验的人员是这样要求的：

“连续记下你一生中最痛苦的经历，不用考虑语法和句型，只需写下自己内心最真实的想法。你什么都可以写下来，但是这段经历必须深深地影响你，而且最好是你从来没有向其他人提及的。记下发生的整段经历，记下你当时的真切感受和你现在的想法。在这四天中可以写出相同的或者是不同的经历，完全取决于你自己的意愿。”

在这段要求中，有很直接的提示：“对痛苦经历的感受”相当于描述自己的情感；“写下那段痛苦的经历”相当于描述你当时的行为；“你现在的想法”相当于描述你对当时事件的认知。

参加实验的人员按照本尼的要求坚持写日记。本尼发现，当他们在持续两天记下痛苦的经历之后，焦虑的程度开始上升，但是到了第四天的时候，他们的焦虑程度又开始下降了，甚至是低于原始的焦虑水平，然后在很长一段时间内一直保持稳定。[①]

四个十五分钟不过是短短的一小时而已，但是带来的效果却是持续终身的。在冬至节气，我们也可以按照实验中的操作要求，连续八十一天记录我们当天最难忘的事情，并记下我们当时的真切感受和现在的想法。相信经过八十一天的操作，我们会收获很多。

---

① 韦志中：《积极心理学：中国人的 68 堂幸福实践课》，台海出版社，2019 年，第 44—45 页。

小寒

寒气逼人

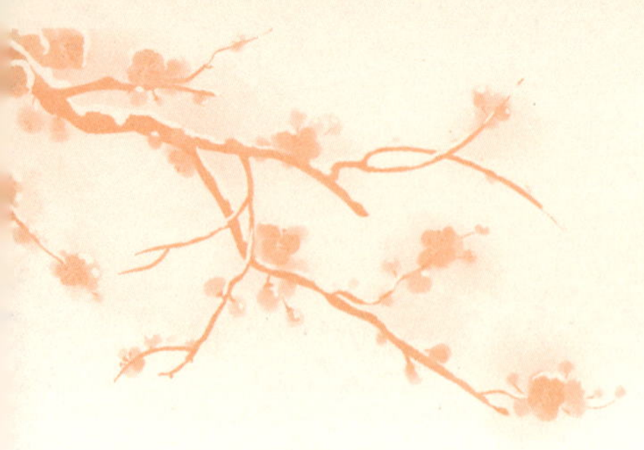

寒夜

[宋]杜耒

寒夜客来茶当酒，竹炉汤沸火初红。

寻常一样窗前月，才有梅花便不同。

小寒，是二十四节气中的第二十三个节气，冬季的第五个节气，时间是在每年公历一月五日到七日之间，这时正值“三九”前后。

《月令七十二候集解》这样解释小寒：“十二月节，月初寒尚小，故云，月半则大矣。”小寒与大寒、小暑、大暑一样，都是表示气温冷暖变化的节气。小寒正值三九寒天前后，西南区域在《数九歌》中唱道：“三九四九，冻死老狗。”黄河中游晋南地区唱道：“三九四九，冻破石头。”从小寒节气开始，全国大部分地区开始降温，开始进入一年中最寒冷的日子。

喝腊八粥：苦难的意义

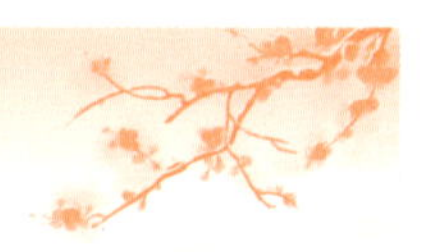

小寒节气正值农历腊月，腊月初八又称为“腊八”。腊八节多在小寒与大寒之间，是春节前的第一个节日。民间流行在腊八节时喝腊八粥，此后“年味”日渐浓起来。在腊八节那天，喝上一碗香甜可口的腊八粥，预示着来年的日子红红火火。

腊八节喝腊八粥的风俗，在我国已有千年之久的历史。从先秦起，人们会在“腊日”祭祀祖先和神灵，祈求丰收和吉祥。后来“腊日”逐渐固定在“腊八”这一天。到了宋代，每逢腊八这一天，无论是朝廷、官府、寺院，还是黎民百姓家都要做腊八粥。到了清朝，喝腊八粥的风俗更盛。在宫廷中，皇帝、皇后、皇子等都要向文武大臣、侍从、宫女赐腊八粥，并向各个寺院发放米、果等供僧侣食用。在民间，家家户户也要做腊八粥，祭祀祖先。

据说腊八节和佛教创始人释迦牟尼有关。释迦牟尼本是古印度北部迦毗罗卫国（今尼泊尔境内）净饭王之子，他见众生受生、老、病、死等痛苦的折磨，又不满当时婆罗门的神权统治，便舍弃王位，出家修道。后经六年苦行，他于腊月初八日，在菩提树下悟道成佛。六年苦行期间，释迦牟尼每天只吃一些麻麦充饥。成佛时，他衣衫褴褛，瘦骨嶙峋，容貌好似枯木。

后人不忘他所受的苦难，便于每年腊月初八吃粥以示纪念。这个风俗后来也传到中国民间，并一直延续至今。[①]

俗话说："人生不如意事十之八九。"我们一生中，每个人都会体验幸福和快乐，也会经历坎坷和挫折。当我们身处幸福快乐之中时，我们总是感觉时间很短暂；而身处痛苦之中时，我们却抱怨度日如年。其实正是那些不如意之事，才教会我们如何更坚强地活着，也正是一次又一次的挫折教会我们成长。

美国著名教育大师保罗·史托兹曾提出一个重要的概念——抗挫商。抗挫商也称逆商，指的是人们在面对逆境时的反应方式，即面对挫折、摆脱困境和超越困难的能力。

心理学家认为，一个人要想事业成功必须具备高智商、高情商和高逆商这三个因素。在智商都跟别人相差不大的情况下，逆商对一个人的事业成功起着决定性的作用。高逆商可以帮助个体产生很高的生产力、创造力，帮助个体保持健康、活力和愉快的心情。

保罗·史托兹教授将逆商划分为四个部分，即控制感、归因、延伸和忍耐。控制，即逆境或挫折来临时，你能否有效控制住事态的发展，不让其失控。归因，即你能否正面挫折，找出失败之因，承担后果。延伸，即你能否有效控制住自己的情

① 邱丙军：《中国人的二十四节气》，化学工业出版社，2018年，第225—226页。

绪，不让某件事情的恶果影响到生活的方方面面。耐力，即若逆境长时间持续，你能否坚持下去。

在追求成功的道路上，许多人缺乏正确面对逆境的态度。他们遇难而退，忽略、掩盖甚至放弃人类内在追求进步的本能要求。每个人的生命都蕴藏着巨大的潜能，不能面对逆境的人在某种程度上也是忽视潜能、逃避自我的人。

逃避逆境者找到了一些冠冕堂皇的借口放弃了梦想，放弃了追求，自认为选择了一条平坦、轻松的人生道路。但是，随着时间的推移，事实却往往恰恰相反，他们将付出更大的代价，并可能会遇到更大的逆境。

爱因斯坦曾经说过："通向人类真正伟大境界的道路只有一条，就是苦难的道路。"

这和孟子的"故天将降大任于是人也，必先苦其心志，劳其筋骨，饿其体肤，空乏其身，行拂乱其所为，所以动心忍性，曾益其所不能"没有太大的差别。

苦难是大部分人都不愿意接受的，但又是不能避免的。如何让苦难实现意义的转化，让"苦"尽后能够"甘"来，这是我们需要思考的问题。

美籍德裔心理学家弗兰克认为："人是由生理、心理和精神三方面的需求满足统合而成的整体，生理需求的满足使人存在，心理需求的满足使人快乐，精神需求的满足使人有价值感。"他开创的意义疗法旨在帮助那些失去生活激情的人们寻找、发现生命的意义，改变他们对生活的态度和方式，使他们保持对生命意义的追求。

我曾创立了一个“人生五味茶”的心理咨询技术，让学员们通过品尝酸、甜、苦、辣、咸五种味道的茶水，引发相似情感体验的事件体验与感悟，最终实现意义的升华。如喝一杯苦茶，当事人就会立马将苦味与自己曾经的痛苦感受做连接，这种连接不单单是对往事的回味，还有对现有生活的对比和现实的感悟。

曾经的种种孕育着现在的自己，不管往事如何，我们已经走过，不管曾经有多苦有多难，都已成为过去式。我们需要做的就是让那些苦、那些累，不再成为恐惧的感觉，不再成为伤感的情绪，而是更有力地激发我们去追求积极的人生体验。

这里把具体的操作方法分享给大家，有兴趣的朋友可以尝试去做。

1. 找一个安静的适合喝茶的地方，泡好酸、甜、苦、辣、咸五杯茶。酸茶用醋泡，甜茶用白糖和蜂蜜泡，辣茶用芥末泡，苦茶用苦丁泡，咸茶用盐泡。

2. 按照苦、酸、辣、咸、甜的顺序依次喝茶，要一饮而尽，切忌慢慢品尝。

3. 喝下去之后，顺着身体的感觉，静静体会自己内心的感受，并回忆引发相似情绪的事件。

4. 喝完五种茶之后，顺着自己的体会和感受，把五个故事连起来，作一首“人生五味茶”的诗。

大寒

冬去春来

咏廿四气诗·大寒十二月中

[唐]元稹

腊酒自盈樽，金炉兽炭温。
大寒宜近火，无事莫开门。
冬与春交替，星周月讵存。
明朝换新律，梅柳待阳春。

大寒，是二十四节气中的最后一个节气，时间大概在每年公历一月二十日或二十一日。大寒同小寒一样，也是表示天气寒冷程度的节气。

《月令七十二候集解》云："十二月中，冷气积久而为寒，大者，乃凛冽之极也。"意思是说，大寒是一年中最寒冷的时候，故而民间有"小寒大寒，冻成冰团"之说。大寒时节，寒潮南下，常伴有大风降温和雨雪天气，我国绝大多数地区呈现出冰天雪地、天寒地冻的严寒景象。大寒在岁终，冬去春来，大寒一过，又开始新的一个轮回。

祭灶王：心怀善念

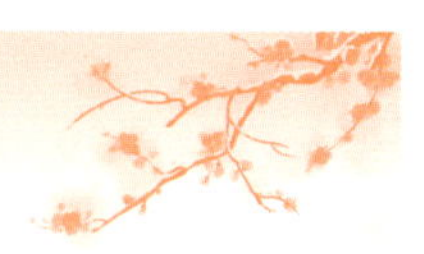

大寒节气，接近小年，小年是民间祭灶的日子。传说灶王爷每到腊月二十三就会专门上天汇报人间罪恶，一旦被查实，定大罪者要被减寿三百天，定小罪者也要被减寿一百日。因此人们在祭灶时，要“打点”一下灶君，求其高抬贵手。方法就是用糖抹在灶君的嘴上，希望他能在玉帝面前多讲点人间好事，得到玉帝欢心，待到新年来临时多降吉祥喜事给人间，正可谓“上天言好事，下界保平安”。

祭灶，作为一种习俗，反映的是中华民族的“善”的理念，是民间朴素的善恶观念。[①]善，是中华民族的宝贵精神和传统美德，中华民族自古以来就崇德向善。如今，我们仍然可以感受到善的力量。

孟子曾说过“恻隐之心，人皆有之”，恻隐之心就是同情心，就是慈爱的心。每个人内心都有一种原始的良知。心理学中讲自我实现，每个人的心灵深处都有一种自我实现的需要。这种需要会激发人内在的积极力量和优秀品质，孟子的“人性向善”就是这样一种积极的品质，就是一种对幸福感的主观追求。

① 贾合祥：《闲话“祭灶”与“积善”》，四川在线－天府评论，2020-1-17。

善良是一个人最高的追求，是人性最美的体现。《大学》开篇一句“大学之道，在明明德，在亲民，在止于至善”就已经告诉我们，在儒家先贤看来，追求善良是人生的最终目标。

守岁：怀旧心理

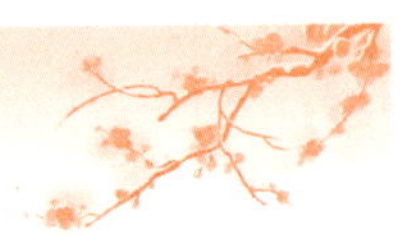

大寒节气一到，预示着春节也快来了。民间传说腊月三十夜晚，只要有恒心，一定会等到老天爷的女儿打开南天门向人间赐福，如果早睡就等不到了。人们怀着美好的愿望，每年腊月三十晚上，全家一起聊天守岁，趁此享受天伦之乐。

古时候，守岁有两种含义：一种是年长者守岁，为“辞旧岁”，有珍爱光阴的意思；另一种是年轻人守岁，是为了和父母长辈一起守住时光，希望父母长辈延年益寿。因此，守岁既有对将逝去旧岁的留恋，也是对即将到来的新年的期盼。

古人云：“黄金易得，韶光难留。”不管你有没有注意它，时间的齿轮一直在转动，而且过往不复，无法停止。在即将过去的一年里，不管你是幸福满满，还是觉得遗憾，那都已经成为生命的一部分，形成了独属于你的回忆。在它即将远去时，我们便忍不住依依不舍，这是对将逝去旧岁的留恋，也是怀旧心理的体现。

怀旧，是人们感时伤怀的一种情绪，是人们有关过去的一种含有情感的记忆，不仅体现了人们对那些美好一去不复返的过往的珍视和留恋，还隐含了人类的情感需求和精神冲动。[1]从弗洛伊德的观点来看，人们之所以普遍存在怀旧体验，和人们潜意识里渴望回归的愿望息息相关。

现代意义上的怀旧是一种情绪体验，但这种情绪倾向究竟是积极、消极抑或是喜忧参半的，学术界还尚未达成一致界定。[2]持积极说的学者认为，怀旧是一种正向情绪体验，与过去温暖和快乐的回忆相关联；持消极说的学者认为，人们在怀旧的时候，往往感伤美好的过往一去不复返，且对现状失望与无奈；持折中说的学者认为，怀旧有苦有甜，苦乐参半，作为正向体验，怀旧能修复现实的创伤，对人们的生活起到积极促进作用，但经常怀旧也容易引发身心疾病。

我个人是倾向于折中说的，怀旧既可以带来快乐，也容易引发忧愁。但我希望能够放大怀旧的积极作用，准确地说，我希望大家关注美好的记忆。即使你脑海中回荡的多是痛苦，我也希望你能从苦难中有所思考和提升，而不是一味地悲伤与抱怨。

我们为什么会怀旧呢？相关解释主要有三种：趋利避害的本能、回归集体无意识和社会认同。

---

① 余杰：《心理学视野下的现代人的怀旧情结》，《黄河科技大学学报》，2007(02)：66—68。

② 李玥：《怀旧心理研究综述》，《河南科技》,2012(01)：24—25。

趋利避害的本能：当面对应激事件和心理冲突的时候，人们会本能地选择趋利避害，这源于人类生存本能的驱使。马斯洛认为，整个有机体是一个追求安全的机制，人们在有机体运行的过程中通过回忆，寻求安全。对过去的缅怀，一定程度上也是对自我身份的一种追求，是对现实生活的一种趋利避害，是在尽可能地寻求内心的和谐与平静。

回归集体无意识：怀旧从集体行为方面去理解，可以说是为了弘扬并记住历史，获得民族身份认同。一句古老的谚语说："没有故乡的人，身后一无所有。" 怀旧者的背后是中国"文化怀旧"和"文化乡愁"，是一种缺失性的体验。怀旧以一种无意识的方式，规范着民族的文化认同和道德伦理认同。[①]

社会认同：心理学家埃里克森认为，人们的每个人生阶段都要面临一定的危机，并要解决危机。在遇到危机的时候，人们会按照过去时、现在时和将来时三种方式获得自我认同。立足当下解决危机属于现实时，借助未来目标的实现解决危机属于将来时，而怀旧心理属于过去时。从精神分析的角度来看，怀旧心理意味着人们过去经历过自我角色与外部世界、自我本身和谐同一的阶段，而这正是怀旧能够解决现实所产生的认同危机的原因。当人们面对认同危机的时候，人们会本能地回溯过去，寻求解决危机的方式和力量。

---

① 余杰：《心理学视野下的现代人的怀旧情结》，《黄河科技大学学报》，2007(02)：66—68。

不管出于什么原因的怀旧，都在一定程度上蕴藏着正性能量，对现实生活中负性事件的消极影响多少能起到修复作用，这一点希望大家都能注意到。

在大寒节气里，我们要正视守旧心理，缅怀过去时不要过度陷入痛苦之中，正如守岁时不要过度消耗身体能量一样。如果实在有满腹的委屈与不甘，可以和身边的家人分享。大家一起努力，相信问题终将会得到解决。

大寒：支持的力量

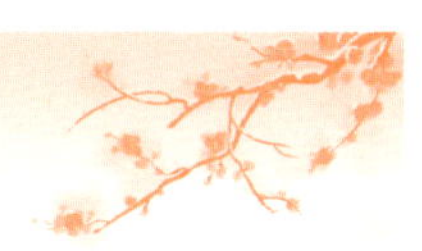

若用文学语言描述大寒的天气，大概是“冰天雪地”“天寒地冻”“冰冻三尺”。古语也有云：“大寒大寒，防风御寒。”大寒节气不但温度低而且风大，人们除了要注意防寒之外，还须防风，衣着要随着气温变化而增减；手脚易冻，尤其应注意保暖。

自然界有寒冬，那在内心世界中有没有寒冬呢？我想应该是有的。生意失败、妻离子散、意外失业、父母重病，这些都可以称之为心理上的寒冬。此时如果只是一个人苦苦支撑，很容易身心疲惫，焦虑抑郁。而好友的帮助与家人的支持，会让我们更有力量、更有勇气面对酷寒。

人类想要生存，需要与他人共同合作，以及依赖他人的协助。当我们遭遇困难时，需要资源以应对问题。个人所拥有的资源可以分为内在和外在两种。内在资源即个人资源，包括个人的自我功能和应对能力；外在资源即个人构建的社会网络所能给自己提供的社会支持。

社会支持的提供者大多是家人、朋友、同学、师长等。社会支持不仅可以增强个体处理压力事件的能力，同时还能使个体拥有更好的人际关系，从而促进其心理健康发展。[①] 一个人得到的社会支持越多，就越能够更好地应对来自环境的挑战。

社会支持的内容主要有三大类：一是物质支持，提供财力帮助、物资资源或所需服务，如帮忙找工作、借钱或照看孩子等；二是情感支持，涉及分享感受、发泄情绪、肯定自己和他人的价值与尊严等，表现为心理支持、情绪支持、自尊支持和认可；三是信息支持，指有利于当事人对问题事件进行说明、理解和应对的支持。当然，很多时候他人的支持并没有这样泾渭分明，而是兼而有之。

一般来说，影响个人所得社会支持的因素主要有三个方面，即发展因素、个人因素和环境因素。发展因素，是说个人对关系的看法从出生之后就不断发展，不同的“关系观”直接影响着个人以后关系的建立，而“关系观”则建立在过去的经验基础上。个人因素主要指个人的人格因素，包括自尊程度、

① 邱依雯，娄熠雪，雷怡：《青少年抑郁：基于社会支持的视角》，《心理发展与教育》，2021，37(02)：288—297。

社会性等。一般来说，高自尊可以帮助个体获得较高的社会支持，社会性高者倾向于利用更多的社会资源满足自己的需求。环境因素主要指向个人的生活环境，在开放的社会环境中，个人更容易获得社会支持。

总之，当我们遇到人生的寒冬时，不要忘了社会支持网络，不管对方为你提供的是情感支持，还是物质支持，抑或是信息支持，总比你一个人独独苦撑着好得多。人多力量大，相信他人的帮助，会让我们更有力量。当然，如果你没有经历人生的寒冬，也要多多关注和发展社会支持系统，这除了可以帮助你建立良好的人际关系外，也能够增强你处理压力的能力。

冬去春来。大寒一过，又开始了新的一个轮回，本书在此也接近尾声。祝愿阅读此书的你在新的一年里不迷茫、不彷徨、不畏惧，伴随着时光的浪花，在四季的轮回中，尽情书写属于自己的精彩篇章。